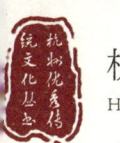

杭州优秀传统文化丛书
Hangzhou Youxiu Chuantong Wenhua Congshu

大家问学

夏庶琪 —— 著

杭州出版社

图书在版编目（CIP）数据

大家问学 / 夏庶琪著. -- 杭州：杭州出版社，2022.8
（杭州优秀传统文化丛书）
ISBN 978-7-5565-1680-3

Ⅰ.①大… Ⅱ.①夏… Ⅲ.①文化—名人—生平事迹—中国 Ⅳ.① K825.4

中国版本图书馆 CIP 数据核字（2022）第 003037 号

Dajia Wen Xue

大家问学

夏庶琪/著

责任编辑	朱金文
装帧设计	祁睿一　李轶军
美术编辑	祁睿一
责任校对	魏红艳
责任印务	屈　皓
出版发行	杭州出版社（杭州市西湖文化广场32号6楼）
	电话：0571-87997719　邮编：310014
	网址：www.hzcbs.com
排　　版	浙江时代出版服务有限公司
印　　刷	天津画中画印刷有限公司
经　　销	新华书店
开　　本	710 mm×1000 mm　1/16
印　　张	14.75
字　　数	170千
版 印 次	2023年1月第1版　2023年1月第1次印刷
书　　号	ISBN 978-7-5565-1680-3
定　　价	58.00元

（版权所有　侵权必究）

序 言

文化是城市最高和最终的价值

我们所居住的城市，不仅是人类文明的成果，也是人们日常生活的家园。各个时期的文化遗产像一部部史书，记录着城市的沧桑岁月。唯有保留下这些具有特殊意义的文化遗产，才能使我们今后的文化创造具有不间断的基础支撑，也才能使我们今天和未来的生活更美好。

对于中华文明的认知，我们还处在一个不断提升认识的过程中。

过去，人们把中华文化理解成"黄河文化""黄土地文化"。随着考古新发现和学界对中华文明起源研究的深入，人们发现，除了黄河文化之外，长江文化也是中华文化的重要源头。杭州是中国七大古都之一，也是七大古都中最南方的历史文化名城。杭州历时四年，出版一套"杭州优秀传统文化丛书"，挖掘和传播位于长江流域、中国最南方的古都文化经典，这是弘扬中华优秀传统文化的善举。通过图书这一载体，人们能够静静地品味古代流传下来的丰富文化，完善自己对山水、遗迹、书画、辞章、工艺、风俗、名人等文化类型的认知。读过相关的书后，再走进博物馆或观赏文化景观，看到的历史遗存，将是另一番面貌。

I

过去一直有人在质疑，中国只有三千年文明，何谈五千年文明史？事实上，我们的考古学家和历史学者一直在努力，不断发掘的有如满天星斗般的考古成果，实证了五千年文明。从东北的辽河流域到黄河、长江流域，特别是杭州良渚古城遗址以距今5300—4300年的历史，以夯土高台、合围城墙以及规模宏大的水利工程等史前遗迹的发现，系统实证了古国的概念和文明的诞生，使世人确信：这里是古代国家的起源，是重要的文明发祥地。我以前从来不发微博，发的第一篇微博，就是关于良渚古城遗址的内容，喜获很高的关注度。

我一直关注各地对文化遗产的保护情况。第一次去良渚遗址时，当时正在开展考古遗址保护规划的制订，遇到的最大难题是遗址区域内有很多乡镇企业和临时建筑，环境保护问题十分突出。后来再去良渚遗址，让我感到一次次震撼：那些"压"在遗址上面的单位和建筑物相继被迁移和清理，良渚遗址成为一座国家级考古遗址公园，成为让参观者流连忘返的地方，把深埋在地下的考古遗址用生动形象的"语言"展示出来，成为让普通观众能够看懂、让青少年学生也能喜欢上的中华文明圣地。当年杭州提出西湖申报世界文化遗产时，我认为这是一项需要付出极大努力才能完成的任务。西湖位于蓬勃发展的大城市核心区域，西湖的特色是"三面云山一面城"，三面云山内不能出现任何侵害西湖文化景观的新建筑，做得到吗？十年申遗路，杭州市付出了极大的努力，今天无论是漫步苏堤、白堤，还是荡舟西湖里，都看不到任何一座不和谐的建筑，杭州做到了，西湖成功了。伴随着西湖申报世界文化遗产，杭州城市发展也坚定不移地从"西湖时代"迈向了"钱塘江时代"，气势磅礴地建起了杭州新城。

从文化景观到历史街区，从文物古迹到地方民居，众多文化遗产都是形成一座城市记忆的历史物证，也是一座城市文化价值的体现。杭州为了把地方传统文化这个大概念，变成一个社会民众易于掌握的清晰认识，将这套丛书概括为城史文化、山水文化、遗迹文化、辞章文化、艺术文化、工艺文化、风俗文化、起居文化、名人文化和思想文化十个系列。尽管这种概括还有可以探讨的地方，但也可以看作是一种务实之举，使市民百姓对地域文化的理解，有一个清晰完整、好读好记的载体。

传统文化和文化传统不是一个概念。传统文化背后蕴含的那些精神价值，才是文化传统。文化传统需要经过学者的研究提炼，将具有传承意义的传统文化提炼成文化传统。杭州与丛书作者在创作方面作了种种古为今用、古今观照的探讨交流，还专门增加了"思想文化系列"，从杭州古代的商业理念、中医思想、教育观念、科技精神等方面，集中挖掘提炼产生于杭州古城历史中灵魂性的文化精粹。这样的安排，是对传统文化内容把握和传播方式的理性思考。

继承传统文化，有一个继承什么和怎样继承的问题。传统文化是百年乃至千年以前的历史遗存，这些遗存的价值，有的已经被现代社会抛弃，也有的需要在新的历史条件下适当转化，唯有把传统文化中这些永恒的基本价值继承下来，才能构成当代社会的文化基石和精神营养。这套丛书定位在"优秀传统文化"上，显然是注意到了这个问题的重要性。在尊重作者写作风格、梳理和讲好"杭州故事"的同时，通过系列专家组、文艺评论组、综合评审组和编辑部、编委会多层面研读，和作者虚心交流，努力去粗取精，古为今用，这种对文化建设工作的敬畏和温情，值得推崇。

人民群众才是传统文化的真正主人。百年以来，中华传统文化受到过几次大的冲击。弘扬优秀传统文化，需要文化人士投身其中，但唯有让大众乐于接受传统文化，文化人士的所有努力才有最终价值。有人说我爱讲"段子"，其实我是在讲故事，希望用生动的语言争取听众。今天我们更重要的使命，是把历史文化前世今生的故事讲给大家听，告诉人们古代文化与现实生活的关系。这套丛书为了达到"轻阅读、易传播"的效果，一改以文史专家为主作为写作团队的习惯做法，邀请省内外作家担任主创团队，组织文史专家、文艺评论家协助把关建言，用历史故事带出传统文化，以细腻的对话和情节蕴含文化传统，辅以音视频等其他传播方式，不失为让传统文化走进千家万户的有益尝试。

中华文化是建立于不同区域文化特质基础之上的。作为中国的文化古都，杭州文化传统中有很多中华文化的典型特征，例如，中国人的自然观主张"天人合一"，相信"人与天地万物为一体"。在古代杭州老百姓的认知里，由于生活在自然天成的山水美景中，由于风调雨顺带来了富庶江南，勤于劳作又使杭州人得以"有闲"，人们较早对自然生态有了独特的敬畏和珍爱的态度。他们爱惜自然之力，善于农作物轮作，注意让生产资料休养生息；珍惜生态之力，精于探索自然天成的生活方式，在烹饪、茶饮、中医、养生等方面做到了天人相通；怜惜劳作之力，长于边劳动、边休闲娱乐和进行民俗、艺术创作，做到生产和生活的和谐统一。如果说"天人合一"是古代思想家们的哲学信仰，那么"亲近山水，讲求品赏"，应该是古代杭州人的生动实践，并成为影响后世的生活理念。

再如，中华文化的另一个特点是不远征、不排外，这体现了它的包容性。儒学对佛学的包容态度也说明了这一点，对来自远方的思想能够宽容接纳。在我们国家的东西南北甚至是偏远地区，老百姓的好客和包容也司空见惯，对异风异俗有一种欣赏的态度。杭州自古以来气候温润、山水秀美的自然条件，以及交通便利、商贾云集的经济优势，使其成为一个人口流动频繁的城市。历史上经历的"永嘉之乱，衣冠南渡"，"安史之乱，流民南移"，特别是"靖康之变，宋廷南迁"，这三次北方人口大迁移，使杭州人对外来文化的包容度较高。自古以来，吴越文化、南宋文化和北方移民文化的浸润，特别是唐宋以后各地商人、各大商帮在杭州的聚集和活动，给杭州商业文化的发展提供了丰富营养，使杭州人既留恋杭州的好山好水，又能用一种相对超脱的眼光，关注和包容家乡之外的社会万象。这种古都文化，也代表了中华文化的包容性特征。

城市文化保护与城市对外开放并不矛盾，反而相辅相成。古今中外的城市，凡是能够吸引人们关注的，都得益于与其他文化的碰撞和交流。现代城市要在对外交往的发展中，进行长期和持久的文化再造，并在再造中创造新的文化。杭州这套丛书，在尽数杭州各色传统文化经典时，有心安排了"古代杭州与国内城市的交往""古代杭州和国外城市的交往"两个选题,一个自古开放的城市形象,就在其中。

"杭州优秀传统文化丛书"团队在传统和现代的结合上,想了很多办法,做了很多努力。传统文化丛书要得到广大读者接受,不是件简单的事。我们已经走在现代化的路上,传统和现代的融合,不容易做好,需要扎扎实实地做,也需要非凡的创造力。因为,文化是城市功能的最高价值,也是城市功能的最终价值。从"功能城市"走向"文化城市",就是这种质的飞跃的核心理念与终极目标。

2020年9月

(单霁翔,中国文物学会会长)

西湖图（局部）

目 录

第一章
黄河信有澄清日，后代应难继此才

002　徐许之乱

005　罗　隐

006　儒道双修

009　计救杭州城

013　后代应难继此才

第二章
梦里溪山尤壮丽，笔端谈论自纵横

019　梦回钱塘

022　宋学熏陶

025　《天下州县图》

029　笔端纵横

第三章
湘湖润泽广，龟山遗爱长

036　开筑湘湖

042	南渡洛学之大宗
045	倡道萧山
048	夜游新湖

第四章
侍讲惨遭逐，待罪喜传道

054	宁宗的烦恼
057	朱熹的坚持
061	朱熹的经筵讲义
064	传道灵芝寺

第五章
养疴圣果寺，脱身钱塘江

070	沸腾的贡院
074	"死了的王阳明"
077	阳明归来
081	王阳明与杭州

第六章
抗言高论宗王学，以经解经尚事功

086　思　乡
090　王学护法
094　"以经解经"
097　通经致用

第七章
文坛风骚主，闺阁弟子班

104　湖楼雅会
108　星娥月姊在门墙
111　湖楼送别
113　佳话在钱塘

第八章
释诂明旧业，抡才勖新知

124　第一楼雅集
127　诂经精舍

130	许慎木主结衔
134	通儒之学

第九章
三百年来第一流，但开风气不为师

142	观　潮
145	父　子
148	己亥杂诗
150	开一代风气

第十章
俞楼堪下榻，东倭请业人

160	落寞的老人
164	俞楼收徒
167	湖上传经
171	"吾道东矣"

第十一章
谋邦资卓识，兴学启新知

178 　林　启

182 　求是书院

188 　求　是

191 　林社长眠

第十二章
谢本师走出书斋，倡革命兼谈学术

196 　谢本师

200 　反叛者

204 　走出书斋

209 　有学问的革命家

第一章

黄河信有澄清日，后代应难继此才

徐许之乱

唐昭宗天复二年（902），浙帅钱镠所纳降将士徐绾、许再思趁钱镠西巡临安衣锦城之际，挟宣州叛卒作乱，火烧青山镇，迅速攻占杭州罗城，并进逼内城。

钱镠于回杭道中惊闻徐许之乱，迅速领兵疾驱至杭州城北，一面安排将校抗敌，一面微服乘小舟连夜偷入内城。此时，钱镠心中懊悔万分。他悔不听镇海军掌书记罗隐之言，以致今日受此围城之苦。自己好不容易建立起来的政权，眼看就要一朝被覆。

"敌国之人，不足轻信，久必生变，不可重用！"罗隐的劝谏，此刻听来，犹如一记耳光，狠狠地抽在了钱镠脸上。

钱镠心下愧然，思忖道："若非我贪爱宣州降将之骁勇，执意要组成武勇都，以为心腹，何来今日之祸？早知如此，景福元年（892）助杨行密平定孙儒之乱后，我就不该收编那五千降将。即便收编了，也应听取罗昭谏的规谏，妥善安排，而非将其纳入核心部队。钱镠啊钱镠，你好生糊涂啊！"

夜色朦胧，小舟缓缓而进。钱镠敛声屏气，甚是小心。偷入内城，本就凶险万分，稍有不慎，便会被获遭擒。好在今夜殊无月色，微有阵风，借着天时，钱镠方敢冒险一搏。

舟行寂寂，将近内城城墙。钱镠眼望高墙，心内竟又止不住地生出懊悔之情来。罗隐劝谏的话语再次在他耳畔响起，诚挚恳切，清晰异常。钱镠清楚地记得，在收编降将的次年，罗隐仍苦谏不止，甚至还当众抵牾自己。

景福二年（893），杭州罗城筑就。罗城即在原有城墙外另修环墙，其主要功能为防御。

城堞新治，楼橹高耸。钱镠颇为自得，便携了宾僚一同观览。钱镠以为，罗城建成后，"百步一敌楼，足以言金汤之固"，且杭州城还有勇猛的勇武都守卫，自己可以高枕无忧。

一路上，一众宾僚簇拥追捧，高唱赞歌。正当钱镠有些飘飘然之际，一个不和谐的声音缓缓响起。只见掌书记罗隐徐步上前，指着罗城却敌楼佯问道："诸位大人，设此何用？"

众人还未作声，钱镠朗声道："昭谏，你难道不知道却敌楼是用来御敌的吗？"

罗隐惊诧道："奇怪，奇怪，果真要御敌，却敌楼为什么不向着内城而设？"

钱镠哈哈大笑，说道："昭谏啊昭谏，你是不是糊

罗隐

涂了？却敌楼本就是用来拒敌的，朝着内城而设还能起什么作用呢？"

罗隐正色道："以隐所见，却敌楼正当对着内部而设！"说完，直直地盯着钱镠。

钱镠听完，脸色大变，心中怏怏，顿失了巡城的兴致。他知道，罗隐仍在规劝自己勿以降将为心腹。

这罗昭谏，着实可恶！

乔装改扮的钱镠心知此刻已不是后悔叹息的时候，然一想到罗隐当日之言，他的胸口便宛如中了一支利箭般透着剜心的痛。他暗喊自己的名字："钱镠啊钱镠，今日之祸，怨不得别人，怪只怪你自己志满气骄，不听人言啊！"

想到此，罗隐那张寝陋的脸便又浮现在眼前。

罗 隐

罗隐，本名横，因屡试不第，生归隐之志，故改名隐，字昭谏，号江东生，杭州新城（今富阳区新登镇）人。罗隐五十五岁归故乡，入钱镠幕中。初谒钱镠，罗隐将自己所作《过夏口》一诗标于行卷[①]之首，以引起钱镠注意。其诗中有两句云："一个祢衡容不得，思量黄祖漫英雄。"罗隐担心自己不被接纳，以心胸狭窄的黄祖不接纳祢衡的故事对钱镠进行试探。

罗隐以祢衡自比，一方面是自负才华，另一方面却是惶恐与忧虑。

唐僖宗光启三年（887），五十五岁的罗隐，虽"十上不第"，却名满天下。时人以得罗隐之诗为傲。宰相令狐绹尤重罗隐，其子令狐滈中第得罗隐贺诗后，他对儿子说："吾不喜汝及第，喜汝得罗公一篇耳。"在令狐绹之后为相的郑畋，同样看重罗隐。郑畋之女甚至因诗思人，大慕其才，若非罗隐貌古而陋，说不定还能成就一段姻缘。时人眼中，罗隐"负宇内之雄名"，是温庭筠、李商隐之后执文坛牛耳者。正因如此，后来成为韩国文学之父的崔致远，其少年时入唐求学，第一个拜访的中国学者就是罗隐。高丽国《三国史记》卷四六《崔致远传》有记："（致远）始西游时，与江东诗人罗隐相知。隐负才自高，不轻许可人，示致远所制诗歌五轴。"

然而，才高并不能消减罗隐心中的惶恐与忧虑。我们似乎可以从罗隐自长安归乡途中所作的《途中寄怀》

[①] 唐代的一种习尚，应举者在考试前把所作诗文写成卷轴，投送朝中贵显，称为"行卷"。

一诗中看出他彼时的心绪："不知何处是前程，合眼腾腾信马行。两鬓已衰时未与，数峰虽在病相婴。尘埃巩洛虚光景，诗酒江湖漫姓名。试哭军门看谁问？旧来还似祢先生。"罗隐久试不第，无缘仕途，前路茫茫，有些恍惚，祢衡，不正是自己的写照吗？罗隐十上不第，最重要的原因便是他如祢衡一般，不肯妥协。

罗隐生于唐文宗大和七年（833），正值唐王朝大厦将倾之际。历史无数次告诉我们，一个朝代的没落，往往伴随着政治腐败、民生凋敝。罗隐看不惯黑暗的科场，可又放不下。他一次次参加科考，却又一次次呐喊，发出强烈的批判。他把自己的小品文集取名为《谗书》，并在"自序"中说"有可以谗者则谗之"，希望能借此批判世间不平事。《庄子·渔父》云："好言人之恶，谓之谗。"罗隐好言人之恶，并将所言呈于行卷之中，自然科场屡败。"谗书虽盛一名（这里指进士及第）休"，正是罗隐这种批判和讽刺精神，令他彻底告别了科举。

罗隐有些担心，他害怕自己好讥讽的性格会使他的干谒之路断绝。所幸钱镠心胸宽广，不以为意，他见诗大笑，复信道："仲宣远托刘荆州，都缘乱世；夫子辟为鲁司寇，只为故乡。"钱镠以王粲因乱世依附刘表、孔子因是鲁国人而为鲁司寇之事回复罗隐，表示理解他的顾虑，并爽快地接纳了他。

儒道双修

罗隐五十五岁前醉心科考，想走一条"修身齐家治国平天下"的儒者之路。鲁迅就认为，罗隐的《谗书》虽然"几乎全部是抗争和愤激之谈"，却并没有忘记天下，是晚唐文坛"一塌糊涂泥塘里的光彩和锋芒"。一如罗隐自己在《谗书重序》中所说："盖君子有其位则执大柄以定是非，无其位则著私书而疏善恶。斯所以警当世而诫将来也。"罗隐心知《谗书》只会为自己的入仕之路平添障碍，却义无反顾地用之行卷干谒，正是因为他想"警当世而诫将来"。罗隐的志向，不仅仅是步入仕途，更在于著书立说，使自己的思想传于后世。他在《答贺兰友书》中感慨道："仆之所学者，不徒以竞科级于今之人，盖将以窥昔贤之行止，望作者之堂奥，期以方寸广圣人之道。可则垂于后代，不可则庶几致身于无愧之地。"能入仕固然好，能广圣人之道则更妙，我们似乎从罗隐身上看到了司马迁著《史记》时的坚忍。他希望自己的思想、著作能"藏之名山，传之其人，通邑大都"，文采能够表于后世；倘若不能，则认为只要做到问心无愧就好。

罗隐的同僚、镇海军节度推官沈崧在《罗给事墓志》中将罗隐与孔子相比，说道："昔宣父生于周季，历聘诸侯，竟莫之遇，至于泣麟著叹，丧狗兴嗟，逮至明皇，始封衮冕。今府君世值唐衰，观光二纪，宗伯不能第，宰属不能官，岂有司之遗贤耶？岂府君之赋命耶？"孔子生于东周春秋末，在诸侯间辗转，不得施展抱负，累累如丧家犬，见到瑞兽麒麟之死，就哀叹自己的政治主张将无法推行。罗隐生于唐末，处于乱世，久困名场，无法一显才干，岂不是和孔子一样？罗隐继承了孔子"知其不可而为之"的精神，用自己的讽刺和讥诮，妄图肃清流毒，宣明教化。

罗隐从未有过"执大柄以定是非"的机会，他在各节度使间干谒，足迹遍布今四川、湖南、湖北、河南、陕西、山西、江苏、安徽、浙江、江西等地，却只赢得了"罗衣秀才"的身后名；所以，他只能退而求其次，"著私书而疏善恶"。在晚唐儒学逐渐式微的大环境下，他一心卫道，想要振兴儒学，他借《谒文宣王庙》一诗大呼道:"倘使小儒名稍立,岂教吾道受栖迟。"

毋庸置疑,罗隐是儒家思想的捍卫者,但同时,他又是援儒入道、儒道双修的学者。罗隐思想中极重要的一点,便是儒、道两同,即"调和儒道而明君长之用"。此一思想,集中体现在他的《两同书》当中。《两同书》被收录于道教典籍总汇《道藏》中,名为《太平两同书》。可见,罗隐是被道家认可的。

《两同书》二卷,上下各五篇,为罗隐于龙纪元年(889)所著的"昭谏"之作。罗隐二十岁时取字"昭谏","昭谏"之义便是用直白的语言向君主进谏。《两同书》上卷五篇,均以老子之言作结;下卷五篇,皆用孔子之语收尾。《崇文总目》中说,罗隐此书,是以老子修身之说为内,以孔子治世之道为外,会期指而同原。"两同"之名,出于《晋书·阮籍传》:"(王)戎问曰:'圣人贵名教,老庄明自然,其旨同异?'瞻曰:'将无同。'"在罗隐看来,儒家与道家,在面对为君之道与治国之理的问题上,其本质是一样的。简单来说,罗隐希望通过统一儒家与道家的观点,借《两同书》使君主明白,要想国家长治久安,君王就必须具有圣人的才德,同时要能够施行王道。罗隐借老子与孔子,阐述了内圣外王的道理。

如在《两同书》开篇《贵贱第一》中,罗隐反复强调"贵贱之途,未可以穷达论也"。位之高低,不能区别贵贱。"苟以修德,不求其贵,而贵自求之;苟以不仁,欲离其贱,而贱不离之",罗隐认为,贵贱之别,在于修不修仁德。在《强弱第二》中,罗隐进一步阐明了什么是德——"夫所谓德者何?唯慈唯仁矣"。倘若国君能够做到"盛德以自修,柔仁以御下",那么国家就能太平无事,垂拱而治。罗隐的这些观点,明显继承了老子的慈俭无为之治术,发扬了孔子、孟子的德治、仁政之思想。

罗隐甚至在《两同书》中为君主提出了一套延年益寿的方法。道家讲究养生，东晋的葛洪、初唐的孙思邈、盛唐的司马承祯，在追求长生这条道路上，或寄托于秘方，或遵从于医理，或选择炼气、修心，各有侧重。罗隐在继承前人养生思想的基础上，提出了更为简单易行的方法，即节欲。罗隐的养生之道，是针对君主提出的。"为人主者，诚能内宝神气，外损嗜欲，念驰骋之诫，宗颐养之言，永保神仙之寿，常为圣明之主，岂不休哉！"

这里的"休"作"美好"讲。道家之养生，在罗隐眼中，依旧是可以用来劝诫君主以更好地造福社会的。

罗隐的主张，和当过道士的初唐名臣魏徵在《谏太宗十思疏》里的谏言颇为相似。魏徵以谏臣身份留名青史，罗昭谏或许也想成为如魏徵一般的直谏之臣。田汝成《西湖游览志余》中的故事或可为证：

> 钱氏时，西湖渔者日纳鱼数斤，谓之"使宅鱼"。其捕不及者，必市以供，颇为民害。一日，罗隐侍坐，壁间有《磻溪垂钓图》，武肃王索诗，隐应声曰："吕望当年展庙谟，直钩钓国更谁如？若教生在西湖上，也是须供使宅鱼。"武肃王大笑，遂蠲其征。

"若教生在西湖上，也是须供使宅鱼"一句，是说假使姜子牙活在当下，到西湖上钓鱼，也得像西湖的普通渔民一样，向钱镠缴纳捕鱼钱。罗隐以诗谏钱镠，关心民间疾苦，为民请命，终使这害民的捕鱼税被取消。

计救杭州城

罗隐生性不喜军旅，唯与杜建徽交好。他们俩都是杭州新城人。杜建徽为武安都指挥使，领兵新城。杜建徽之父杜稜在任行军司马时，曾与罗隐共事，两人在看待降将的问题上达成了共识。杜稜亦曾对钱镠进谏，说这些降将士卒"狼子野心，他日必为深患"。杜建徽从父于军中，深以为然。故而，罗隐与杜建徽都早有御敌的心理准备。

罗隐听闻徐绾、许再思已攻下罗城，立马向钱镠建议：若要救城，需先稳定内城，奋力抵挡，同时向周边驻军求救，成内外夹攻之势。形势危急，钱镠不及多想，便依计而行。自己改换服装悄赴内城，以稳军心；罗隐分遣信使，外出求援。

罗隐望着远去的钱镠，心中想及往事的同时，却也有几分忐忑。他虽然早已料定会有这么一天，可真当事到临头，仍觉得心中不安，前路难测。

所幸，使者一出，杜建徽便自新城入援，正面抗击徐绾的部队，"徐绾据城焚木拒之，建徽命士卒持火钩钩木，越城而入，敌军大溃"。外有援助，内有内城指挥使王荣及三城指挥使马绰闭门力抗，徐绾、许再思一时攻不下内城，钱镠略得喘息的机会。

内城虽一时无虞，然终日被围，不得脱困，杭州城似成了死地。随着宣州刺史田頵应徐绾、许再思请求，出兵合围杭州，形势又一下子紧张了起来。唐末藩镇割据，互相间常有兼并战争，各方都想扩充自己的势力，所以，当徐许之乱爆发后，周边的其他势力都将目光对准了杭州，蠢蠢欲动。杭州城初被围时，也只有杜建徽及湖州刺史高彦遣兵赴难。其他各部不仅没有驰援，有些甚至逐渐与徐绾、许再思、田頵相勾结，如睦州刺史陈询、武勇都大将陈璋等，便与田頵互通信使。

钱镠心中烦闷，一时没有退敌之法。有人劝钱镠渡江东保越州，以避徐许之乱。杜建徽听罢此建议，按剑叱之曰："倘若杭州城终被攻破，大家一同赴死即可，如何能够东渡？"罗隐也对渡江东保越州之策颇为不齿。

罗隐分析当前形势后，对钱镠说："大王，田頵虽为吴王杨行密部下大将，然两人互相猜忌，我们或可由此入手，做些文章。"

钱镠说："先生高见，镠愿闻其详。"

罗隐道："现下田頵兵临城下，不得不战，好在他暂时也无法攻破内城，我们只需谨守就好，如有可能，可与田頵通和，以为缓兵之计。另外，大王可派人向杨行密求援，利用两人间的矛盾，让杨行密对田頵施压，迫其退兵。只要稳住了田頵，徐绾、许再思的乱军就不足为虑。"

"然杨行密如何肯听我之言语？田頵助徐绾、许再思围城，说不定便是杨行密之谋，若真是如此，他岂肯派兵驰援？"

罗隐缓道："孙儒之难，大王曾助杨行密平乱，今往告之，杨行密定会有所回报。且田頵此人，素有野心，杨行密亦早知之，两人隔阂已成，即便围城确是杨行密之谋，他又岂能坐看田頵拿下浙江东西两道？田頵若成功，杨行密岂非给自己树立强敌，埋下祸患？若大王晓之以理，并以子为质，或求婚于杨行密，一旦结成儿女亲家，此围必解。"

罗隐说罢，大将顾全武忙应声道："先生所言极是，若要求和解围，徒往无益，必须以王子为质。"

钱镠听罢，微一沉吟，即刻选定第六子钱元璙随顾全武往杨行密处为质。

钱元璙风神俊迈，杨行密见之甚喜，赞曰："生子当如钱郎。"加之事情确实如罗隐所料，顾全武未费什么唇舌，杨行密便将女儿嫁给了钱元璙，同时，命田頵罢兵。

据《旧五代史》记载，田頵围城之际，还发生了一个有趣的小故事：

> 初，頵之围城也，尝遣使候钱镠起居，镠厚待之。将行，复与之小饮。时罗隐、皮日休在坐，意以頵之师无能为也，且欲讥之。于是日休为令，取一字，四面被围而不失其本音，因曰："其"字上加"草"为萁菜，下加"石"为碁子，左加"玉"为琪玉，右加"月"为期会。罗隐取"于"字，上加"雨"为雾雪，下加"皿"为盘盂，左加"玉"为玗玉，右加"邑"为邘地。使者取"亡"字讥钱镠必亡，然"亡"上加"草"为芒，下加"心"为忘，右加"邑"为邙，左加"心"为忙，其令不通，合坐皆嘻笑之，使大惭而去。未几，頵果班师。

罗隐是年已经七十岁了，却仍不改讥诮讽刺的个性。他与好友皮日休，和田頵派遣进城试探的使者进行了言语交锋，并大获全胜。然罗隐并不是只会逞口舌之快的无谋之士，他深知仅靠杨行密的一纸调令定不能让田頵老老实实地退兵，他在宴席中讥讽田頵的使者也只是做表面功夫。待使者走后，罗隐忙向钱镠说："田頵退兵，必会趁火打劫，大王须有防备。大王将子送于杨行密处为质，现下田頵得知，想必也会有相同的要求。大王要早做准备。"

《全唐诗话》载罗隐事

果然，田頵退兵时，向钱镠征钱二十万缗以犒赏士卒，同时，求钱镠儿子为质，将以女妻之。田頵得钱及钱镠第七子钱元瓘后，才真正退兵。杭州之围，就此而解。

后代应难继此才

七十岁的罗隐，因成功"预言"了徐许之乱，身上似乎多了一丝神秘的气息。后人将罗隐的这种预言能力称为"皇帝嘴"。《十国春秋》中有言："世传罗隐出语成谶，闽中书笥滩、玉鬐峰皆留其异迹。"连罗隐的出生都变得异常奇异："初，新登鼍江常有二气亘于江上，昼夜不灭。及隐洎丞相杜建徽生，而二气不复见。识者以为文武秀气焉。"那其中一道横亘于江上的灵秀之气，便随着罗隐出生而消失了。

后人并不因为罗隐十上不第、久谒不得而忽视了罗隐身上的神秘气息，反而将其"皇帝嘴"的故事传得神乎其神。他在民间被神话了，是唐代诗人中唯一一位被记录于《中国神话大词典》中的人物。《西湖游览志余》载："罗昭谏隐，新城人，博物能诗，然性傲睨，好议评臧否，探隐命物，往往奇中，故至今杭人称前定不爽者，犹云'罗隐题破'也。""罗隐题破"，即事情的发展与原先所说完全一致，是命中注定之意。罗隐料事多中，所以人人唯恐得其恶言。在中国的很多地区，都流传着有关罗隐的传说，有称罗隐为"罗隐秀才"的，也有讹作"罗衣秀才""罗游秀才"的。且很多传说，都围绕着罗隐出语成谶展开。

而他晚年访道求仙、师事道教大师闾丘方远等经历更令他的出语成谶看起来理所当然。闾丘方远有道术，精通谶纬之学，隐居于余杭大涤洞。据传，他因推算出唐祚必衰而累召不出。闾丘方远入室弟子的身份，似乎更容易让人相信罗隐同样精通谶纬之学。

然而，当我们了解了罗隐儒道双修的学者身份后，我们就明白了，罗隐出语成谶，料事如神，并非因为他真的能掐会算，超越了凡人之资，而是由于他具有非凡的洞察力，往往能看得深远，看透事物的本质。他的名诗《西施》，或许可以给我们些许启示。

家国兴亡自有时，吴人何苦怨西施。
西施若解倾吴国，越国亡来又是谁？

罗隐此诗，为西施辩护，指出红颜祸国是建立在帝王昏庸的基础上的，吴国灭亡，非西施之过。并且，他站在历史的高度点出了家国兴亡是历史的选择、是时运的影响这一实质。

"时来天地皆同力，运去英雄不自由""男儿未必尽英雄，但到时来命即通"等名句，无一不说明，罗隐往往能以辩证的思想去思考问题。

罗隐身上，既有为时代所困的局限性，又有高于时代的超越性。他的局限性，体现在他的明君思想上。他受儒家思想影响，极力维护君主的至高地位，拥有传统士人所推崇的士节。朱温篡唐，罗隐哭谏钱镠，劝他举义讨贼，以匡大唐社稷。罗隐虽然不遇于唐，却未存怨心，他对钱镠说："纵无成功，犹可退保杭、越，自为东帝；奈何交臂事贼，为中古之羞乎！"他不接受朱温谏议大夫之招，行芳志洁，是晚唐少有的气节之士。他的超越性，即上文所说的辩证思想以及与明君思想相矛盾的非君思想。罗隐在《谗书·英雄之言》中说："视玉帛而取之者，则曰牵于寒饿；视家国而取之者，则曰救彼涂炭。"罗隐受《庄子·胠箧》篇影响，大胆地认为，那些打着"救彼涂炭"旗号取国之人与说自己寒饿而偷窃之人，从本质上来说，并无二致。"《孟子》之后，黄宗羲《明夷待访录》之前，两千年里对君主耳提面命的人屈指可数，而罗隐是那数得上的人。"

罗隐是矛盾的，也是伟大的。他是诗人，更是学者。他在思想上融儒、道为一体，以丰富的宦游经历、深厚的学识以及超越常人的哲学思维，成为晚唐独一无二的存在。他上承先秦孔孟、老庄思想之精髓，下启黄宗羲、梁启超以倡民主共和，才学兼优，文行并美。他一生著述多达十七种七十余卷，除了上文提到的《谗书》《两同书》，还有《甲乙集》《广陵妖乱志》《罗隐启事》《吴越掌记集》等。时人称他"名宣寓县，誉播蛮夷。唯应鲍、谢、曹、刘，足堪并驾；若遇王、杨、卢、骆，必共争鞭。立言而克当典谟，属思而尽成风雅"，足见其声名之盛。魏博节度使罗绍威因重其才，以子侄礼见罗隐。罗隐有诗集名《江东集》，罗绍威便将自己的诗集命名为《偷江东集》，以求罗隐指点。罗隐的诗歌，对宋诗长议论、多浅俗的风格，有极大影响，一如《唐音审体》中所说："唐人蕴藉婉约之风，至昭谏而尽；宋人浅露叫嚣之习，至昭谏而开。""今朝有酒今朝醉，明日愁来明日愁""采得百花成蜜后，为谁辛苦为谁甜"等佳句，至今仍在传唱。

顾沅《吴郡名贤图传赞》曰："江东罗生，槃槃大材。策名吴越，伯业以开。"后梁太祖开平三年（909），七十七岁的罗隐病于榻中，钱镠亲临抚慰，题诗于壁上，赞罗隐道："黄河信有澄清日，后代应难继此才。"是年，罗隐卒。后梁太祖开平四年（910），归灵于杭州钱塘县定山乡居山里，殡于徐村之穴。

参考文献

1. 《晋书》，中华书局，1974年。
2. 《旧五代史》，中华书局，1976年。
3. 《吴越备史》，文渊阁《四库全书》本。
4. 〔宋〕计有功：《唐诗纪事》，上海古籍出版社，2013年。
5. 〔明〕田汝成：《西湖游览志余》，上海古籍出版社，1980年。
6. 朝鲜史学会：《三国史记》，近泽书店，日本昭和十六年（1941）三版。
7. 《鲁迅全集》第四卷，人民文学出版社，2005年。
8. 李定广：《罗隐集系年校笺》，人民文学出版社，2013年。
9. 萧公权：《中国政治思想史》，商务印书馆，2017年。
10. 薛亚军：《江东才俊——罗隐传》，浙江人民出版社，2007年。

第二章

梦里溪山尤壮丽,笔端谈论自纵横

北宋元祐三年（1088）春，细雨中的东京不改繁华，似乎丝毫没有受到新法被废除的影响。皇城内，十二岁的宋哲宗赵煦正端坐在龙案前，仔细地观览着眼前的地图。

赵煦望着由四位内臣托举的高一丈二尺、宽一丈的大幅地图，由衷地叹道："朕从未见过如此巨大之地图，沈括真奇才也！"

宋哲宗赵煦的话音刚落，就听到一个女子的声音缓缓响起："皇上，这幅地图的可贵之处不在其形制，而在其内容。沈括以二寸折百里，在地图上详细标注了全国所有州县，着实不简单啊！沈括此次上呈，除了这幅大图，还有小图一轴、诸路图一十八轴，均以黄绫装缥；另有副本二十轴，用紫绫装缥。这个沈括沈存中，若非兵败永乐、支持新法，确实可以为朝廷所重用。不过，如今么，赏他一些财物，给个虚职，还其自由，也就是了。"

哲宗听罢，心下骇异，唯唯不敢作答。十二岁的小皇帝，本已在心中盘算着重新起用谪官沈括了。他看了眼地图，又偷眼瞧了瞧身后的女子，低声道："祖母所言极是。"

女子唤了身旁的小太监,道:"传皇上旨意,赐沈括绢一百匹,任便居住。"

梦回钱塘

元丰五年(1082)冬,西夏以三十万重兵围永乐城,未几,"永乐城陷,蕃汉官二百三十人,兵万二千三百余人皆没"。龙图阁直学士、朝散郎、知延州沈括受此牵连,责授均州团练副使、员外郎、随州安置。团练副使是个有官名无职事的散官,宋代常用来安置贬降的官员;随州安置,便是让沈括居于随州,不可随意走动。永乐城陷,沈括以"始议城永乐,既又措置应敌俱乖方"之故,不仅断送了自己的政治生涯,连人身自由都被限制了。

永乐城是宋屯兵戍边的重地,为新筑之城。沈括初不欲筑城于永乐,以为永乐是西夏必争之地,三面绝崖而无水源,"路险而远,胜不能相维,败不足相救,非战守之利也"。无奈朝廷派遣徐禧、李舜举前来计议,徐禧必要筑城于永乐。徐禧专断独行,刚愎自用,表为商量,实为专制,听不进任何意见。诸将不敢违逆,只好筑城,仅费时十二日便建成了永乐城。城成后,西夏兵时有袭扰,徐禧恐沈括分其功,借故将其遣往米脂寨,还特意交代沈括"不可轻出"。而当西夏以重兵围永乐城时,兵少将寡的沈括,即便多次想要分兵救城及接应粮道,也已无能为力。永乐城被围,沈括一则无力救援,二则还存了一份小心。"永乐城之胜败,未系边势之重轻。绥德,国之门户,失绥德则延州为敌所逼,胜败未可知,关中必震",故而,沈括选择了"宁释永乐而救绥德"。永乐城陷后,徐禧、李舜举等战死,沈括便成了替罪羊。

沈括

可以想象,此时的沈括,进入了人生最灰暗无助的阶段,他在《随州谢表》中,说自己"才薄趣卑,心勤事谬,措一身而无地,宜万死之难逃"。情绪之低落,心中之悔恨,字字可见。他寓居在随州法云禅寺中,终日惴惴,精神有些恍惚。

五十一岁的沈括经常做梦。他的梦,已不再是从前的驰骋疆场、杀敌报国。他经常梦见儿时的自己,经常梦见自己的母亲,经常梦见自己的家乡杭州。五十一岁,对于沈括而言,人生已至暮年。随州多雨,一如杭州。仕途已断的沈括,对于回不去的故乡,心中越发生出一种渴求来。可是,杭州,终究只能出现在他的梦里了。

沈括自幼随父宦游,除了父母离世时曾回故乡长住外,每次过故乡都是来去匆匆,俨然是一个过客。然而,人就是这样奇怪,落叶归根,随着年华逝去,总想着回到那个叫故乡的地方,哪怕只是回去看一眼也好。法云禅寺虽然冷寂,却并不妨碍沈括做梦。梦里,他回到了那个叫西溪的地方。在西溪，他看到了潮州的鳄鱼、泉州的钩吻，看到了开封集禧观水渠里冬日的冰纹。沈括不明白，这些异地的动植物及自然景观，为什么会汇聚到钱塘来。他甚至看到了建筑工匠喻皓在指导工人为吴越国王修建梵天寺木塔，看到了毕昇在用胶泥制作胶泥活字，进行排版、印刷。凡此种种，无论是否与杭州有关，都一一入梦，悉归钱塘。梦里，沈括看到一个少年，正对着一块石头琢磨。石头上刻着的，是谢朓撰写的南齐海陵王墓志铭。而那少年，分明就是他自己。沈括发现少年身体羸弱，患有眼疾，常眯着眼看物，却又看得那么认真。沈括的眼眶有些湿润了，梦中，他流出泪来。少年似乎看到了流泪的沈括，他回头厉声问道："你少尝有志于明善，可曾做到了？你少尝有志于专学，可曾做到了？"转眼，少年的话就化作钱塘江的滚滚浪潮，迎面打来。沈括陡然一惊，随即醒来，心中怅惘，却是早已泪湿枕席。"明善""专学"，自己又何曾做到呢？他耳边回荡着少年的责问，脑海中不住地响起少年的读书声："人之于学，不专则不能。"

沈括似有醒悟，他回忆少年时闭门苦读的时日，猛然惊觉，自入仕途以来，自己就再也没有于学问一道上倾注过心血，遑论专学？他登上随州的汉东楼，将心中的无限感慨化作了一首《汉东楼》：

野草黏天雨未休，客心自冷不关秋。
寨西便是猿啼处，满目伤心悔上楼。

"满目伤心悔上楼"，沈括后悔了。登上汉东楼，秋风、秋雨、猿哀啼，满目皆是伤心色，沈括啊沈括，你为什么要登楼啊！"客心自冷不关秋"，沈括啊沈括，你本就能力不足，为何要入仕为官啊！汉东楼上的沈括，回想着自己入仕以来的种种经历，开始重新审视自己。

壮志摧伤于晚路,可为何偏要一条道走到黑呢?五十一岁的沈括醒悟了。原来,自己被多年来亨通的官运给遮蔽了双眼,仕途并非自己唯一的归路;原来,自己尚有"专学"一路可走。

下得楼来,作为官员的沈括悄然离我们而去,作为纯粹学者的沈括,正大步向我们走来。

宋学熏陶

汉东楼上的沈括虽然悔入仕途,可倘若历史再给他一次重来的机会,他依然会奋不顾身地跳进庙堂,去追逐作为一个儒生的最高理想——实现"内圣外王"之道。历史不会重来,可历史会裹挟着沈括,奔向它想奔向的地方。沈括意识不到,他的入仕不只是他自己的选择,也是历史的选择。

沈括,字存中,浙江钱塘人。沈括出生时,宋王朝正值"民不知兵,富而教之"的"仁宗盛治"时期。由于君主制定了重文抑武、文人治国的方针,赵宋王朝自建国之初便形成了右文崇儒的社会风尚,文人成为最受尊重的群体,社会地位之高是空前的。早在五代十国军阀混战时期,便有有志之士想借儒学匡扶社稷,待到宋王朝建立且成为"与士大夫治天下"的崇儒政府,越来越多的士人开始加入重振儒学的队伍中来。于是,一种被后世称为"宋学"[①]的经学学术形态应运而生。

所谓宋学,是针对汉学而言的。汉儒治经,重视章句之学,强调名物训诂,坚持注不驳经、疏不破注,琐碎繁杂,脱离时代。而宋学,以义理解经,通过领会儒家经典的要义来达到通经致用的目的。简单来说,宋学希望把理论和实践结合起来,用社会实践来实现儒生"内

[①] 学界对于宋学的理解仍存在分歧。邓广铭在《略谈宋学》中指出:"应当把宋学和理学加以区别","宋学是汉学的对立物,是汉学引起的一种反动"。本章采纳此说。

"圣外王"的理想。

沈括成长于宋学蓬勃发展的阶段，自然会受到宋学的影响。

在学问上，沈括很好地继承了宋学疑古的精神。宋学形成阶段的代表人物，如胡瑗、欧阳修等人，均对儒家经典注疏进行过大胆怀疑。欧阳修在他的《易童子问》中，采用与童子问答的形式，指出"何独《系辞》焉！《文言》《说卦》而下，皆非圣人之作"。在欧阳修之前，班固《汉书·艺文志》中所说的"孔氏为之《彖》《象》《系辞》《文言》《序卦》之属十篇"已是学界通识。同样，沈括也大胆疑古，他在《梦溪笔谈》中对黄陵二女是尧的女儿、舜的妃子一说提出了质疑：

> 旧传黄陵二女，尧子舜妃。以二帝道化之盛，始于闺房，则二女当具任、姒之德。考其年岁，帝舜陟方之时，二妃之齿已百岁矣。后人诗骚所赋，皆以女子待之，语多渎慢，皆礼义之罪人也。

据沈括考证，帝舜外出巡视之时，黄陵二女都已是百岁老人，根本不可能成为舜的妃子。他还对文学作品中把二女看作青年女子、且语多亵渎轻慢的现象提出了批评，认为这是不合礼义的。

沈括不仅疑古，还小心求证。他通过对《左传》的研读，结合自身经历及当时地理专家的说法，指出《尚书》中孔安国所注"云梦之泽在江南"是不正确的，并给出自己的见解，以为"江南为梦，江北为云"。沈括的这种求证方法，不是简单地从故纸堆中寻求答案，而是在吸取前人知识的基础上进行科学的考证。这种注重实践的治学方法，同样受到了宋学务实精神的影响。

宋学讲实用，务实效。宋学先驱们在讲学时，往往会把对经学的探究与现实生活联系起来，希望能为社会培养专门人才。宋初三先生之一、被尊为"孔孟衣钵，苏湖领袖"的胡瑗，在湖州执教时，便将经义与事务并重，创设了如边防、水利等专门学科，形成了"多适于世用"的独特的"湖学"。沈括一生的治学与为官经历，就带有这种将经义与事务并重、将通经学古与经世致用相结合的宋学的明显特征。一如《宋史》所记："括博学善文，于天文、方志、律历、音乐、医药、卜算，无所不通，皆有所论著。"

沈括能成为通才，固然离不开他自身的天赋与努力，可同样也离不开宋学这种务实效的济世精神的熏陶。甚至可以说，沈括的入仕，也是和宋学影响密切相关的。正是因为宋学的影响，宋初儒生才会拼命奔向仕途。儒家立德、立功的要求，促使他们走上仕途；儒家"内圣外王"的终极目标，则鞭策着他们必须从政。于是，庆历新政出现了，范仲淹用他的"先天下之忧而忧，后天下之乐而乐"影响了学界；于是，荆公新学出现了，王安石用"三经新义"吹响了改革的号角，从学界直响至政坛。沈括自然也无法从中脱身，他受荆公学派崇孟、研孟学风的影响，写下了《孟子解》一文。沈括在《孟子解》中阐发"民本"思想，在孟子天、民并列思想的基础上进一步提出"天，民也"的观点，认为天意就是民心；他推崇"君子之道"，强调"正己而物正"。沈括是在宋学影响下成长起来的儒家学者，他不满足于只喊喊口号，"言行分立，而圣人之道始晦"，他更重视落实。沈括和胡瑗、范仲淹、王安石等人一样，都怀有安邦济世的理想。他在宣州协助兄长沈披主持修建万春圩工程，使沼泽变良田，撰写了《万春圩图记》。他有感于音乐脱离社会实际生活，撰写了《乐论》，以期恢复音乐的活力。他有感于礼仪制度之繁冗，在修订《南郊式》时进行了简化，为国家节省一大笔开支。他发现历代所修历法多不合天象，便重新考订律历，详定浑天仪。他继承家学，搜集医方，造福于民，著有医药学著作《灵苑方》和《良方》。他察访两浙农田水利，整顿吏治。他加强北疆边防，推行保甲法。他还精通兵法，熟读舅父许洞所著的《虎钤经》及其诸多藏书，入仕后积极践行，在经略鄜延期间，更亲自指挥对阵西夏的战斗，并全都取得胜利。

沈括担任过很多官职，如翰林学士、朝散大夫、行起居舍人、知制诰、权三司使等，其中，他引以为傲的是翰林学士一职。成为翰林学士是宋代文人梦寐以求之事。"极天下之选，文章名世者率居此官。"钱惟演甚至说翰林学士是公、侯、伯三公都比不上的："人间之官，无贵于学士，虽贵极三旌，有所不逮。"沈括自己也说，翰林学士是"儒者之至荣"。宋学影响下的沈括，不数年便官至翰林学士，除了官运亨通，更在于其自身的智慧与才学。沈括的智慧与才学，不仅体现在他的政绩上，也集中体现在他的著作之中。

《天下州县图》

永乐之败，使沈括清醒地认识到，立德、立功之路已然无望，与其自怨自艾，不如振作起来专心于学问。

元丰八年（1085），宋哲宗即位，沈括责授秀州团练副使、本州安置。秀州即现在的嘉兴一带。对于沈括来说，没有比这更好的消息了，他终于可以和自己心心念念的家乡离得近一些了。他在《谢谪授秀州团练副使表》中一再感恩："重见闾里，特出异恩。获贯余生，实系再造""惙然有再生之意，复收于垂尽之年"。

"三年无半面之旧，一日见平生之亲"，重见乡闾后的沈括心情大好。在这种心情的影响下，连雨后初晴的秀州，在他笔下，也变得可爱起来：

柳色青天雨乍晴，鸭头细草绕堤生。
林间野日依依见，水底春光寸寸明。
犹喜乱花时入眼，可能万事顿忘情。
无端景物相料理，屡欲癫狂兴不成。
——《游秀州东湖》

"犹喜乱花时入眼，可能万事顿忘情"，谪授秀州，于沈括而言，是极大的安慰。也正因如此，他才正式开启了于"立言"一路上的尝试。

或许是为了谢恩，亦或许是为了表明"专学"的决心，沈括决定重拾旧事，完成未竟之学问——编修《天下州县图》。

《天下州县图》是沈括于熙宁九年（1076）开始奉旨编修的。因沈括彼时正处于熙宁变法的政治旋涡之中，无暇他顾，故编修一事迟迟未能完成。如今，他终于有闲暇、也有心情来完成此图了。

秀州东湖旁的一座院落中，草满池塘，庭落秋叶。院落虽存有几分大户人家的气象，却也露出一股萧索、落寞之气。院落中央，但见一位身着青衫、头戴葛巾的老人正匍匐于地，一手执卷，一手执笔，许久方才将笔小心地落于膝前的巨幅画纸上。老人身旁，另有一青年，手捧一碗乌头汤，已侍立良久。

青年开口道："父亲，汤已热过三遭，您先喝了吧。"

老人头也不抬，一会儿看看书，一会儿瞧瞧图，道："你放在一旁就是，待我画完这最后几笔。"

青年显得有些焦急，略上前了些，催道："您就先喝了吧！这秋风起得急，天转凉了，得多注意身体。"

老人横瞥了一眼青年，嗔道："啰唆什么！离我远些，小心把药洒了，弄湿了我的图。"

青年略有不甘，咬一咬牙，往后退了几步，稍立一会儿，便又转身往屋里温药去了。青年心里很是不忿，他不忿父亲不喝药，而忿朝廷不公。他想，父亲一生忠心为国，不料竟落得如此下场，不仅病痛缠身，还困居一隅，不得自由。可即便如此，父亲依然日夜操劳，为国制图。这三年，父亲几乎没有直起腰的时候，为了完成这套《天下州县图》，父亲"编采广内之书，参更四方之论。该备六体，略稽前世之旧闻。离合九州，兼收古人之余意"，用心不可谓不专。青年实在是想不明白，本该颐养天年的父亲，为何要如此为难自己。

就在青年满腹牢骚温药之际，庭院中的老人终于画完了最后一笔。他撑着从地上站起，腿脚有些发软，伛偻着缓了一会儿，才慢慢直起身子。他望着地上的图，脸上满是得色，心中默默念道："沈括啊沈括，此番总算侥幸完成了这套《天下州县图》，总算没有辜负这三年来的努力。"他显然有些按捺不住内心的兴奋，急于喊儿子来看自己的杰作，高喊道："清直！清直！"

那位名叫沈清直的青年，在听到父亲的叫唤后，赶忙又端了药跑出来。沈清直刚到庭院，就见到了令他吃惊的一幕：沈括趿拉着鞋，站在一块三尺见方的大石上，"居高临下"，正拿着笔直直地指着地上的地图。在沈清直眼中，此时的父亲是有些"癫狂"的。平日庄重的父亲，何时有过这般轻浮的举止？

还未等沈清直缓过神来，沈括便喊道："清直，把药放下，到为父这里来！"沈清直放下乌头汤，绕着地图，小步跑到父亲面前。

沈括重重地拍了一下他的肩头，笑道："清直，你来观瞧，为父潜心三年，功夫不负有心人，终于完成了这《天下州县图》的编修工作。此图，可以称得上是我大宋最准确之行政地图。正所谓'文不备则不足资实用，事不核则无以待有为'，有了此图，四海均可隅度，可为大用也！"说罢，又不由自主地重重拍了两下沈清直的肩膀。

沈清直感受着手掌带来的重量，心中暗叹一声："父亲即便遭遇不公，退论书策，依旧在以'实用''有为'要求自己，依旧怀有济世情怀，着实令人宾服。与父亲相比，自己岂不愧杀！"

《天下州县图》又称《守令图》。元祐三年（1088），图甫一讫成，沈括便迫不及待地将其献给了朝廷。

身处秀州的沈括并不知晓皇城内所发生的一切。他不知道，他的《天下州县图》已成功引起了小皇帝的注意，若非太皇太后阻挠，他说不定又能够"高官得坐，骏马得骑"。然而，即便朝廷真的再次征召，沈括也未必欣然前往。此时的他，已基本失了为官的念头。粗布葛巾的他，并不愿再次卷入政治斗争中。

笔端纵横

如果说《天下州县图》是沈括专于学问之开始，那么《笔谈》则可视为其专于学问之大成。

《笔谈》又称《梦溪笔谈》，非沈括于一时一地所作，乃其晚年退处林下后经年累月而成。

沈括上呈《天下州县图》后，朝廷爱其才学，不仅赠物赐官，还许其任便居住。对此，沈括很是感激。太皇太后的阻挠从某种程度上来说成全了一心想要做学问的沈括。在沈括眼中，朝廷此举，不只是给了自己自由，更是对自己“立言”的肯定。

秀州的生活淡化了沈括对故乡的思念，所以，重获自由后的沈括并未选择回到杭州，而是举家迁往润州。沈括年轻时做过一个梦，梦中他到过一处乐园。润州所

夢溪筆談序
予退處林下深居絶過從思平日與客言者時紀一事于筆則若有所晤言蕭然移日所與談者唯筆硯而已謂之筆談　聖謨國政及事近宮省皆不敢私紀至於繫當日士大夫毁譽者雖善亦不欲書非止不言人惡而已所録唯山間木蔭率意談噱不繫人之利害者下至閭巷之言靡所不有亦有得於傳聞者其間不能無缺謬以之爲言則
沈括存中述

夢溪筆談卷第一
宋　吳門沈括存中述
明　虞山毛晉子晉訂
故事一
上親郊廟册文皆曰恭薦歲事先景靈宮謂之朝獻次太廟謂之朝饗末乃有事于南郊予集郊式時曾預討論常疑其次序若先爲尊則郊不應在廟後若後爲尊則景靈宮不應在太廟之先求其所從來蓋有所因按唐故事凡有事于

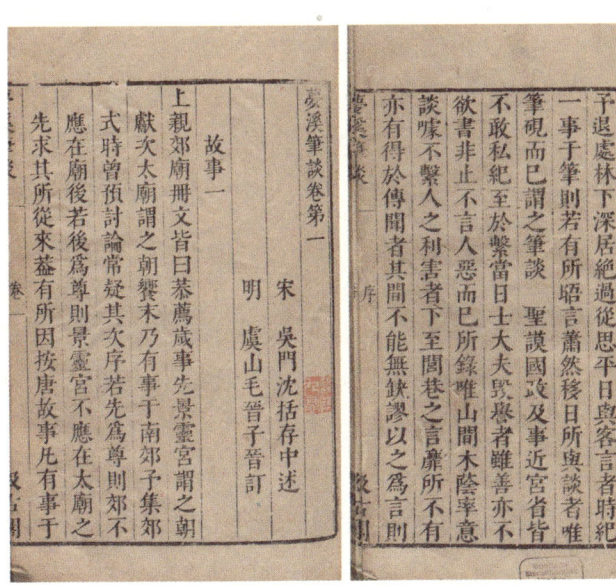

《梦溪笔谈》书影

购置的庄园，内中景致恰如沈括梦中所见。于是，他便将庄园取名"梦溪"，从此安居其内，"深居绝过从"，开始闭门著书，"所与谈者唯笔砚而已"。《笔谈》最终成书，便是在梦溪园内，故世称《梦溪笔谈》。

宋代学者多博学，且尚博学。王安石在《答曾子固书》中言及自己"故某自百家诸子之书，至于《难经》《素问》《本草》，诸小说无所不读，农夫、女工无所不问，然后于经为能知其大体而无疑"，这样才能读经而知经。正因宋代学者这种治学求博的风气，使得当时出现了一批以博杂知识为内容，涉及儒、释、道诸家学说，囊括天文、地理、医药、音乐、绘画等各个领域，记录掌故见闻、典章制度、仕宦言行的笔记。沈括博学善文，博览古今，于书无所不通，其《梦溪笔谈》，便是宋代笔记的代表之一。

《梦溪笔谈》二十六卷，又《补笔谈》三卷，《续笔谈》一卷，分为"故事""辩证""乐律""象数""人事""官政""权智""艺文""书画""技艺""器用""神奇""异事""谬误""讥谑""杂志""药议"等十七门。单从内容而言，《梦溪笔谈》可以说是宋人笔记中最为广泛者。尤其值得称道的是，沈括不仅在《梦溪笔谈》中记录了大量文献知识，还将这些知识与自身见闻互相印证，以深厚的学术素养及严谨的治学态度，形成了独特的、科学务实的笔记之风。《梦溪笔谈》堪称学术笔记之典范。无怪乎乾道年间扬州州学教授汤修年评价《笔谈》时，会说"《笔谈》所纪皆祖宗盛时典故，卿相太平事业，及前世制作之美，虽目见耳闻者，皆有补于世，非他杂志之比云"。自《梦溪笔谈》以下，如洪迈的《容斋随笔》、王应麟的《困学纪闻》等，均受此风影响。一如陈仁子所赞："（《笔谈》）辨伪正谬，纂录详核，闻未闻，见未见，融之可以润笔端，采之可以神信史。""（《笔谈》）上稽朝典，下逮方言，神怪人理，鸟兽草木，搜奇抉秘，罗列星分，泖泖乎博而综，该而典，核而不诡，精实而可考镜。盖《笔谈》出而诸谭者爝矣"，明代沈敬炌此语，可谓得之。

《梦溪笔谈》自问世以来，就极受欢迎。士大夫争相购买。在宋代，便出现了个别州郡大量刊刻，"贸易以充郡帑"的现象。梦溪园中的沈括无法预知他的《笔谈》将在后世引起多大的影响，他只在《梦溪笔谈序》中淡淡地写道："所录唯山间木荫，率意谈噱，不系人之利害者。下至闾巷之言，靡所不有。"然而，仅是"靡所不有"，并不能成就这样一位百科全书式的学者。在"靡所不有"的基础上，沈括还有"专"。《梦溪笔谈》，让世人看到了晚年专于学的沈括。无论是在社会科学领域还是自然科学领域，沈括都达到了专家的造诣。

沈括的"专"，源于他对万事万物都具有强烈的探索欲望，即具有追本逐源的求理精神。"理，成物之文也。"沈括善于观察，乐于探究事物背后之理。他在奉使河北期间，于山崖间见到许多螺蚌壳，便推断此处乃昔日之海滨，得出"所谓大陆者，皆浊泥所湮耳"的结论。他通过对日月盈亏的观察，认为"日月之形如丸"，并说"月本无光，犹银丸，日耀之乃光耳"。沈括还对日食、月食之发生，潮汐之生成等做有专门研究，且得出了符合现代科学认知的结论。

沈括的这种求理精神，直接影响了朱熹。翻看《朱子语类》等朱熹著作，便会发现朱熹极为重视《梦溪笔谈》，且熟悉《梦溪笔谈》之内容，常在行文中引述沈括之说。甚至可以这样说，沈括的《梦溪笔谈》，在一定程度上影响了朱熹的格物之学。

沈括一生著述约四十种，内容涉及经史子集各部，惜多散亡。现存如《长兴集》《梦溪笔谈》等著作，也均有阙佚，难见全貌。可仅凭《梦溪笔谈》一书，沈括便被英国学者李约瑟称为"中国整部科学史中最卓越的人物"。《梦溪笔谈》被誉为"中国科学史上的坐标"，和《齐民要术》《营造法式》《东鲁王氏农书》《本草纲目》《天工开物》《徐霞客游记》并称为我国七大古典科学名著。然而，我们不能狭隘地将"科学"仅理解为自然科学，《梦溪笔谈》这部科学著作，同样包含社会科学的相关内容。作为笔记体著作，它也有笔记的特殊性。而沈括，我们也要认识到，他不仅是科学家，亦是博学的通才。我们在惊叹于沈括超凡见解的同时，更要看到他那"审问之，慎思之，笃行之"的治学精神。

绍圣三年（1096）[①]，六十五岁的沈括卒于润州梦溪园内。沈括去世后，他的家属据其遗愿，将其葬于故乡钱塘县安溪太平山（现余杭区良渚街道太平坞）。

安溪太平山为沈括家族祖茔所在地，葬有包括沈括父母在内的众多沈氏族人。相较于作为景点供游人祭奠、拍照的西湖名人墓地，背靠太平山、面临东苕溪的沈括墓地则显得偏僻荒凉，鲜为人知，若非刻意探访，你永远寻不到和它偶遇的机会。在科学史和文化史界大放异彩的《梦溪笔谈》，并不能阻止沈括身后的孤单落寞。当我们一遍遍翻阅《梦溪笔谈》的时候，除了想到润州的梦溪园，是否还能想到杭州的太平山呢？

[①] 沈括生卒年，一说为 1031—1095 年。

参考文献

1.《宋史》，中华书局，1977年。

2.〔宋〕李焘：《续资治通鉴长编》，中华书局，1995年。

3.〔宋〕沈括：《梦溪笔谈》，施适校点，上海古籍出版社，2015年。

4.《王安石全集》，复旦大学出版社，2017年。

5.〔宋〕沈括原著，杨渭生新编：《沈括全集》，浙江大学出版社，2011年。

6.祖慧：《沈括评传》，南京大学出版社，2004年。

7.胡道静：《胡道静文集·沈括研究·科技史论》，上海人民出版社，2011年。

第三章

湘湖润泽广，龟山遗爱长

开筑湘湖

萧山县尉方从礼没有想到，新上任的县令居然这么快就有了决断——这位已至花甲之年的县令，仅花了十余天工夫走访调查，就同意了他开筑湘湖的请求。

要知道，自北宋大观年间开始，方从礼就从未停止过向上级禀请开筑湘湖。然而，一次次禀请换来的却是一次次失望，县令的推脱、富户的阻挠，都令他的请求一次次落空。方从礼感到很无力，湘湖湮废久矣，民田无以灌溉，他虽有为民请命之心，可掌权者因富贵者而妥协，富贵者因私利而刁难，疏浚一事始终未能遂愿。

其实，早在熙宁年间，就有萧山县民殷庆等陆续奏请开筑湘湖。"萧山土硗而水漯，雨则暴涨，稍干旱，则渠、港皆坼"，亟须开筑湖泊用以蓄水和灌溉。而曾为湖泊、现为低田的湘湖，因其地势较高，便于下注，且其东西两边各有蜿蜒如长堤的高阜，可以作为天然捍蔽，乃筑湖的最佳选址。湘湖一旦开筑成功，"春夏山雨下，可以蓄水，而秋暵即洩，溉之以数万亩易潴之田，救十余万亩坼裂不镃之地"（毛奇龄《湘湖水利志》），

杨时

是惠泽百姓、功在千秋之事业。恰好彼时神宗皇帝亦颇为关心水利，故奏请马上就被批允了。可于本县会议时，由于萧山富民多数游移不定，县令又惮于任事，最终只好不了了之。方从礼的禀请之所以久久不被允可，也是为此。

方从礼几乎要落下泪来了。他望着站在自己面前的老者，心中不禁升起一股敬意。这位杨大人于上任第三天便亲自体察民情，几乎走遍了下辖各乡；在听到自己开筑湘湖的禀请后，更是实地勘察，广泛听取周边百姓意见。爱民而有决断，务实且有魄力，无怪乎这位大人声名远播，真是闻名不如见面。

原来，早在新县令到任前，方从礼就听说了很多关于这位县令的传闻。这位杨大人于所知州县内皆有惠政。其不畏权贵，性情耿介，在余杭任上，曾力拒蔡京欲浚南湖以成风水而葬母之命令，一时传为美谈。方从礼还知道，这位老大人潜心经史，学问深厚，四方之士不远千里从之游，仅其到任这几天，就有一批批儒生不断登门拜访。

这就是誉名远播的龟山先生吗？方从礼暗叹一声侥幸，筑湖一事，总算有了着落。

不错，站在方从礼面前的正是龟山先生杨时。杨时，字中立，号龟山，南剑将乐（今福建将乐）人，政和二年（1112），知越州萧山县。

通过多日察访，杨时深知疏浚湘湖一事已不可再拖。湘湖一带，"每春夏多雨，山水流离，漫无所潴，既不可以艺植，而一当秋暵，则中高外塍，如葫芦，真芜田也"。而萧山近年来洪涝、干旱频发，也正需依靠湘湖进行调节。杨时有些犯愁，虽然开筑之事刻不容缓，可现下仍有几个棘手的问题亟待解决。开筑湘湖，势必要淹掉周边富户的田地，能否妥善处理富户的利益问题，将成为湘湖开筑成功与否的关键。此外，湘湖开筑还涉及湖区居民的迁徙安置问题；作为一个浩大的工程，它也需要熟悉水利建设的专门人才来策划和指挥。杨时明白，萧山的历任知县未必不想开筑湘湖，或许只是无法找到解决这些问题的稳妥之策罢了。

杨时望着手下这位精干的汉子，亦颇为感动。方从礼明知此事困难重重，却依旧屡屡禀请。为官能够直言为民，足见其为人之正直。他看着满脸兴奋的方从礼，心中不由一动：此人能力出众，一身正气，且对湘湖周边地势了如指掌，其奏请条理明晰，言语间多涉及筑湖方案，堪称能吏，自己又何必舍近求远呢？筑湖一事，或可交由此人负责。至于富户及湖区居民那儿，就由自己出面去协调吧。

打定主意后，杨时一面吩咐方从礼制订详细的筑湖计划，一面召集耆老、富户及湖区居民代表开会，调节各方利益。

在调节各方利益的问题上，杨时显得很谨慎。他多次组织相关各方商讨，群策群力。经反复研究、综合考量后，决计在"方田均税"的基础上创制"均包湖米"制度，即将因筑湖所废湖田的原缴税粮由受益农田均摊，原湖区居民人随田走，并由县里及各受益乡调出官田、庙田、宗族公田补偿给失田者。此法一举解决了各方争端，保证了大家的利益，可谓万全之策，民乐从之。

困扰历任知县的难题解决了，湘湖的开筑便提上了日程。为官一处，便要造福一方。即便已经六十岁了，杨时依然事事亲力亲为，不辞辛劳。开筑湘湖虽交由方从礼负责，可最终拍板的权力仍在杨时处。本着对百姓负责的态度，杨时一次次躬历其所，反复勘察测量，在听取各方意见及参考方从礼的方案后，最终决定"筑两塘于南北，一在羊骑山、历山之南，一在菊花山、西山之足，两相拦筑"。

以山为止，筑土为塘，杨时充分利用地形之便，起堤堰，凿穴口，废田三万余亩，蓄水为湖。周长八十余里的湘湖，在新筑堤塘上共设有十八个穴口，用以灌溉九乡十四万余亩农田。

筑湖期间，还发生了一件趣事。

杨时的"均包湖米"制度推行后，绝大部分湖区居民都心甘情愿地迁移到了别处。可就在菊花山山脚，仍聚集着以富户任氏为首的几十户人家，不愿迁徙。任氏本已打算带领众百姓离开湖区，然其人颇为迷信，临走前特意寻了个风水先生，打算让风水先生为他看一看接下来的财运。不料风水先生一来，便大呼不妙，对任氏说："任老爷，地善则苗茂，宅吉即人荣，菊花山乃大善之地，主富贵荣华，万万不可迁徙。倘若开湖废田，非但一夜而贫，或致血光之灾。"

任氏被风水先生的几句话语给吓破了胆，不但不离开湖区，还纠集了一群青壮年阻挠堤塘的修筑工作。

杨时得知此事后，亲自登门劝说。可任氏认准了风水先生所谓的"开湖必要废田，废田必致灾祸"的论说，油盐不进，对杨时所提的条件一概拒绝，根本不为劝说所动。

事情陷入了僵局。县衙内诸多差役大都建言用武力、法令解决，以威压迫使任氏迁徙，然杨时并不愿做欺压百姓之官。正当一筹莫展之际，一日夜晚，正在房中读《易》的杨时，心头忽地冒出一条妙计：既然任氏迷信风水，何不以风水之说劝之？

杨时越想越觉得可行。他本就极通《易》，著有《易说》，对堪舆学也略知一二，以他的学识，只需稍加练习，便可从容应付任氏。想到便行动，杨时通权达变，以《易》中卦象为基础，结合湘湖周边山势、水势，现学了几天风水先生的话语，就奔往菊花山而去。

任氏一见杨时到来，知道又是来劝说的，忙摇头道："杨大人，我意已决，你莫要再开口，请回吧。"

杨时听罢，微微笑道："任氏，我今日来，不为别的，就为和你探讨一下此地的风水。我乃读书人，恰巧懂得一些堪舆，近几日观贵宝地之势，颇有所得，想和你印证一下。前些时日风水先生所言，窃以为大谬矣！"

任氏一听杨时之言，顿时来了兴趣，道："早听闻大人乃有名的学者，不曾想，竟也懂风水，愿闻大人高见。"

杨时见他颜色缓和，知道成败在此一举，接口道："任氏，菊花山确乃善地，此言不假，然此地尚缺一水。风水之法，得水为上。水，财也。你所居之地，正位于菊花山和西山构成的风口上，无水则风到财气散，若不筑湖，是聚不了财的。"

任氏一听，若有所思，念头一转，便道："杨大人，你说得有理，只是废田筑湖，我连居处都没有了，去哪聚集财气呢？"

杨时道："你人虽离开居处，然你的气在此地已有留存。万物都由阴阳二气分化而成，山、水亦是如此。新湖筑成，你的居处恰为阴阳二气交汇之所，而你自身所留精气又游走其间，自然受其影响。只要你以后广行善事，不冲撞这阴阳二气，自然聚福聚财。"

任氏面露犹豫，不再答言，杨时趁热打铁，道："任氏，修筑新湖，九乡受益。你带领大家迁徙，正是天大的善事，如何做不得？这正是富贵之机、福禄之源啊！"

任氏动心了。杨时见事已成了七八分，赶忙上前一步，道："任氏，今日一迁，不仅你家得聚财气，更使得萧山九乡得以受益，这是功德无量之事，请受我杨时一拜。"说完，作势便要拜倒。

任氏哪容得杨时拜倒，忙搀住道："老大人，您这岂不是折煞小民。您放心，我立马收拾行装，带领大家一起搬出此地。"

就这样，任氏自觉自愿地带领菊花山山脚的居民迁出了湖区。湘湖，也在杨时及方从礼等人的努力下，顺利筑成。

南渡洛学之大宗

开筑湘湖这一年，杨时六十岁了，距他初见明道先生程颢已过去三十一年，离他"程门立雪"见伊川先生程颐也已过去二十四年①。作为二程（程颐、程颢）弟子，杨时多年来以推广师说、昌明道学为己任。

杨时所生活的时期，正值宋代新旧两党争斗之际，体现在学术上，便形成了以王安石为代表的新学及以二程为代表的洛学等各个宋学支派间的争鸣。杨时所谓之道学，从狭义上来讲，指的便是二程之洛学。这道学，发展至南宋，即为理学。二程以道统传人自居，认为道统自尧、舜、禹、汤传至文、武、周公，再传至孔、孟，

① 据《宋史·杨时传》所记，杨时见程颐于洛及程门立雪时，年龄当在四十岁上下。《杨龟山先生年谱》则将杨时"以师礼见程伊川先生于洛"的时间明确为元祐八年（1093）杨时四十一岁时。然据申绪璐考证，程门立雪的时间应在元祐三年（1088）杨时三十六岁时，详见其《道南一脉考》一文。杨渭生的《杨龟山先生年表简编》亦姑从申绪璐之说，此处亦从此说。

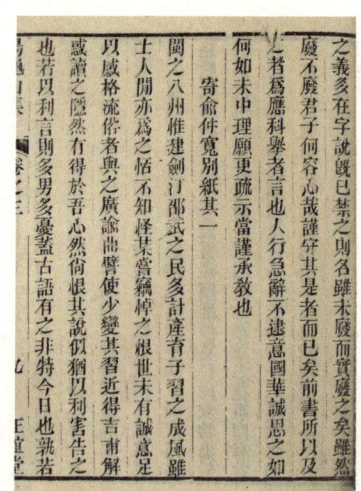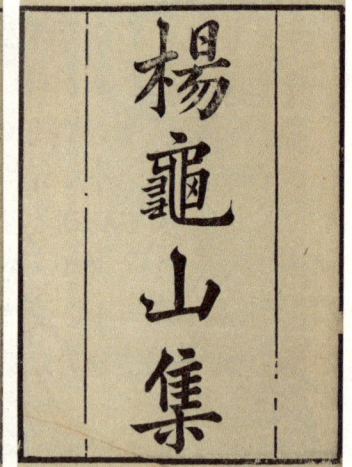

《杨龟山集》书影

一脉相承。然孟子死后，道统不得其传，而自己，便是"使圣人之道焕然复明于世"的传人。程颢被称为明道先生，亦即此意。王安石的新学与其变法相联结，更追求通经致用，而道学因与新学对立，在发展过程中便逐渐脱离社会实践，将宋学从经世致用之学渐渐推向抽象的性理之学。二程讲"道"求"理"，强调理即道，天命即天道、天理。王安石变法失败后，道学在富弼、文彦博、司马光等人的支持下不断壮大，日渐兴盛起来。

杨时于二十九岁往洛阳师事明道先生程颢。程颢甚喜，每言："杨君最会得容易。"学成南归，程颢送杨时出门，谓坐客曰："吾道南矣。"程颢死后，杨时又见伊川先生程颐于洛阳，亦师事之。杨时与游酢、谢良佐、吕大临并称为程门四大弟子，升堂睹奥。而四人中，又以杨时之学最纯，杨时之道最笃。作为程门大弟子，杨时沉浸经书，皈依道学，阐扬道统，扛起了传道的大旗。他力排新学，著《三经义辨》对王安石加以驳难；他著书立说，整理订正二程著作；他收徒讲学，倡道东南，成为南渡洛学之大宗。

杨时不仅传承二程道学，还推动道学进一步发展。他从体用的关系出发，创造性地阐释了"理一分殊"这一道学概念，认为"理一"是体，"分殊"为用。他将儒家仁义精神与"理一分殊"结合起来，说明"理一"为仁，"分殊"是义，进而联系儒家的仁爱观，强调有等差的"亲疏远近各当其分"便是"分殊"，便是义，论证了儒家等级制度的合理性。杨时在继承二程"理气"观点的基础上，还引入"太极"来丰富二程的学说。二程视"理"为万物的源头，"万物皆只是一个天理"，由"理"到"物"有一中间环节，便是"气"。杨时将"太极"也称为"理"，提出"既有太极，便有上下；有上下，便有左右前后；有左右前后，便有四维：皆自然之理也"。

此外，杨时还发展了二程的"格物致知"思想。"格物"即"穷理"，"穷理"方能"致知"，"格物致知"是认识"理"的方法。如何"格物致知"呢？程颢主张守约内求，"心便是天"，尽心便可知性，知性便知天；程颐主张向外求索，"读诗书，考古今，察物情，揆人事，反复研究而思索之"。杨时则融合这两种方法，一方面强调向外求索，另一方面则重视"反身而诚"，"反身而诚，则举天下之物在我矣"。

杨时在传道过程中，充分认识到，要学道，必先学圣人之书。圣人之书中，则以《大学》《中庸》《论语》《孟子》最为关键。杨时以为，《大学》乃圣学之门户，"不由其门而欲望其堂奥者，非余所知也"，至于"圣学之传"，则在《论语》；他认为，"《孟子》一部书，只是要正人心，教人存心养性，收其放心"，"世之学者，因言以求其理，由行以观其言，则圣人之庭户可渐而进矣"；杨时推崇《中庸》，说："《中庸》之书，盖圣学之渊源，入德之大方也……道学之传，有是书而已。"二程在论学时，曾说："今之学者有三弊，溺于文章，牵于训诂，惑于异端。苟无三者，则将安归？必趋于圣人之道矣。"宋学以义理解经，道学作为宋学的支派，自然很好地继承了这一点。杨时以义理注释"四书"，正是为"今之学者"指明了"趋于圣人之道"的第一步。

杨时安于州县，未尝求闻达。然在传道的过程中，德望日重。故其每至一处，必引得各地儒生纷纷来学。杨时的同学胡安国称杨时"诚蒸民之先觉，乃继道之真儒"，足见杨时是北宋末南宋初最具影响力的学者之一。程颢所谓"吾道南矣"，可谓得之。

杨时是道学南传的关键人物。夏子镕《补修宋杨文靖公全集跋》称其"以伊、洛正传，开南宋道统"。《宋史·杨时传》云:"而朱熹、张栻之学得程氏之正,其源委脉络皆出于时。"道学传承最重要的一脉,即由二程传至杨时,由杨时传至罗从彦,由罗从彦传至李侗,最后由李侗之徒朱熹集道学之大成,世称"程朱理学"。正如《罗豫章集·原序》所云:"由孔孟而下,斯道之传,开于周子,盛于二程,而大会于朱子,朱子继周程之统者也。顾其渊源一脉,实自龟山,而豫章,而延平,昀然相承,如河源之发于昆仑,由积石历龙门,而东注以放于海也。"所以,朱熹的很多思想,都源于杨时,或者说都借鉴了杨时的学术成果。

道学虽然将宋初重经世致用的传统逐步发展为抽象的性理之学,可在道学勃兴的阶段,经世致用的思想并没有实质性的减弱。作为个体的儒生,"修齐治平"仍然是他们的人生目标。儒生仍然将注重心性的"内圣"之学与注重经世致用的"外王"之学并重。杨时便是如此。杨时为官,一则借官学传扬道学,二则身体力行,实施仁政。他说:"说经义至不可践履处,便非经义。"故其注重实践,多干实事,一心为民。杨时在浏阳任上曾开仓赈灾,后因"不催积逋"遭劾;在余杭任上"简易不为烦苛","于水利尤尽心力";到了萧山,则兴办学校,开筑湘湖。

倡道萧山

方从礼望着眼前的一泓湖水,热泪盈眶。在落日的映照下,湖水泛出点点金光,直闪至天的尽头。方从礼似乎看到了金色的稻穗,堆满了夕阳。那堤塘上伫立着的老人的身形,也仿佛高大了起来。方从礼有些恍惚,他发现老人的背影正渐渐隐没在夕阳中,只一瞬,便化为一道光,投映在湘湖的水面上。

杨时开创的湘湖

杨时已经在堤塘上站了很久了，迎着夕照，自始至终保持着远眺的姿势。阳光令他有些睁不开眼。仅花了不到一年时间，湘湖便开筑成功了。一想到今后湖水能够灌溉周围九乡农田，杨时就忍不住激动起来。他想把阳光下的一切都纳入眼中。他眯着眼，眺向远方。

如果说一年前的相遇让方从礼看到了杨时身上的智慧与魄力，那么，这段时间的相处，则让方从礼看到了杨时身上的勤奋与坚韧。这位杨大人，不仅在筑湖一事上躬历其所，躬督其役；在经理庶务上，亦宵衣旰食，裁决如流。此外，杨时还授徒讲学，常传道解惑至深夜，两年以来，夙兴夜寐，几乎日日如此。方从礼有些糊涂了，自己的眼泪究竟是因湘湖开筑成功而喜极而泣呢，还是因为堤塘上那个高大的背影呢？

夕阳不知道方从礼的眼泪为什么而流，它慢慢收起了金光，从山的那头，蓦地逃走了，只剩下一道红线，留给贪看远山的人们。

杨时不需要眯着眼眺望了，他的内心，就像这退去金光的湖面般，缓缓趋于平静。他感到很满足，自己总算为萧山百姓做了点实事。尤为欣慰的是，在萧山，自己还于传道一路上，迈出了重要的一步。早在三十年前，杨时的好友兼同学游酢便曾出任萧山县尉。同为程门高第，游酢亦讲学于萧山。前有游酢，后来杨时，两人桴鼓相应，倡道萧山，使道学于此处生根发芽，蓬勃发展。而杨时开筑湘湖以利百姓，从某种程度上来说，更为其传道带来了便利，故"萧山之人闻先生名，不治自化，人人图画先生形象，就家祠焉"。讲学萧山，杨时收获了广大的群众基础，使道学为儒生与百姓所普遍接受。

杨时之所以满足，还有一个重要的原因：他的得意门生罗从彦，知他知萧山县后，耗时弥久，自延平步行至萧山求教，侍奉左右，未曾远离。

罗从彦，字仲素，南剑人。他在故乡听闻同郡杨时得二程之学，心生仰慕，于"崇宁初见龟山于将乐"[①]，从学三日，即为杨时学识所折服，惊汗浃背，说："不至是，几虚过一生矣。"杨时也很喜欢这位同乡的后生，熟察之后，高兴地说道："惟从彦可与言道。"至此，两人朝夕讲道，日益以亲。一次，杨时与罗从彦讲《易》，至"乾"卦九四爻时，赞"伊川说甚善"，于是，罗从彦便鬻田裹粮，往洛阳见程颐。后从程颐处归来，他就一直跟从杨时治学。杨时迁官一处，罗从彦就从学一处，常往来于家乡与杨时府衙间。

罗从彦此次再见老师时，杨时正顶着烈日在勘察湘湖周边的地势。罗从彦有些惊讶，他眼中的杨时，应该是手不释卷、潜心书斋、皓首穷经之宿儒，而非如现在

第三章 湘湖润泽广，龟山遗爱长

[①] 《宋史·罗从彦传》及黄宗羲《豫章年谱订正》都将罗从彦初见杨时的时间说成政和二年（1112），然此说与诸多事实不符。杨时于大观元年（1107）知余杭，而《余杭所闻》已涉及和罗从彦间的问答，可见初见于政和二年一说不确。且程颐卒于大观元年，若政和二年杨、罗初见，则罗从彦已不可能见到程颐。此处依《宋元学案》"（罗从彦）崇宁初见龟山于将乐"说。

般"相山之可依,与地之可圩"、栉风沐雨、犯露乘星之苦吏。望着老师花白的胡须、瘦小的身形,罗从彦有些心疼。他很想拉老师回府邸消消暑,可念头刚起,脑中就跳出了老师时常挂在嘴边的一句话:"学贵乎成,既成矣,将行之也;学而不能成其业,用而不能成其学,则非学矣。"罗从彦明白,经义若不能践履,便非经义,杨时正以实践来验证其所学。

杨时初见罗从彦,就生出一种"吾党之小子狂简,斐然成章"之感,以为只要"剪裁"得当,罗从彦必能成大器。故杨时以孟子"饥渴害心"令其思索,罗从彦从此悟入,于世之嗜好淡如也。后罗从彦不负杨时所望,被誉为"南州之冠冕也"。朱熹亦说:"龟山倡道东南,士之游其门者甚众,然潜思力行、任重诣极如仲素,一人而已。"杨时知道,自己为官萧山,罗从彦必会前来论学。虽说早在意料之中,可真正见到弟子站在自己面前,杨时仍感到一阵欣慰。他白天处理政务,晚上就和罗从彦相与论学。他们探讨人性善恶问题。在论及张载的"气质之性"时,杨时肯定张载之说,并加以发挥,认为"万物所以赋得偏者,自其气禀之异,非性之偏也",人性亦如此。人性本善,之所以变恶,是受到"气"的影响,我们可以通过变化气质,来回归本性之善。杨时还在什么是"仁"这个问题上,为罗从彦进行了讲解。杨时主张"物我兼体""即己即物"便是仁,将自己和万物视为一体便是仁者。杨时告诫罗从彦:"读书须看古人立意所发明者何事,不可只于言上理会。"

夜游新湖

远山终究还是模糊了,余晖徐徐散去,那仅剩的一道红线也不知在什么时候已转为黛青,催促着人们归家。杨时还不想回去,他想去湖上转转。开阔的水面让他有些迫不及待了。于是，他领着罗从彦夜游湘湖，同行的还有方从礼。

夜晚的湘湖是寂静的。银河耿耿，天风习习，唯有橹声和虫鸣，充盈在这一方天地间。舟行寂寂，三人各不答话，各自沉浸在自己的喜悦中。行至湖心，杨时忽地赋诗道："平湖静无澜，天容水中焕。浮舟跨云行，冉冉蹴星汉。烟昏山光淡，桡动林鸦散。夜深宿荒陂，独与雁为伴。"新湖筑成，杨时颇为得意，他有些按捺不住心中的欢愉了，竟如孩子般开始高叫起来，一会喊罗从彦低头看水，一会喊方从礼抬眼望天。他甚至想歇宿荒陂，与雁为伴，长久地投入湘湖的怀抱。罗从彦看着老师，直到这一刻他才深刻理解《毛诗序》中所说的"情动于中而形于言，言之不足，故嗟叹之，嗟叹之不足，故咏歌之，咏歌之不足，不知手之舞之，足之蹈之也"。

方从礼是最能了解杨时此刻心情之人，一年多来，他和杨时一样，目睹并亲身体验了筑湖之苦、之难，如今掬水月在手，肆意地在湖上穿梭，怎能不欢呼雀跃？这是自己开筑的湘湖啊！这是萧山百姓今后的命脉啊！

兴奋之余，方从礼突然觉得有些酸涩。他知道，按照国家法度，知县一般是一年一考，三年为一任，任期满了基本就要被调离。很多知县往往不满三年就要被调往他处。他很清楚，杨大人留在萧山的时日，并不多了。方从礼心里想道：湘湖难得，杨大人更难得啊！

湖上的方从礼，只看到了为官萧山的杨时，他看不到身处历史纵向发展中的杨时。湖上的杨时，也只意识到了自己当下为萧山百姓做了一件实事，他同样意识不到，他为萧山县令这两年，将对萧山今后的发展产生多么巨大的影响。

049

的确，萧山只是杨时传道过程中的其中一站，且是杨时践行"内圣外王"理想过程中极其短暂的一站。从政和二年（1112）到任至政和四年（1114）去职，他在萧山，仅待了两年时间。然而，知萧山的杨时，不仅给萧山留下了泽被后世的湘湖，更给萧山留下了厚重的人文底蕴。张伯行《杨龟山集原序》云："自先生官萧山，道日盛，学日彰，时从游千余人，讲论不辍，四方之士尊重先生也，至矣。"

杨大人确实难得。

杨时倡道萧山，奠定了萧山道学的基础。自宋以后的历代萧山县教谕，都非常重视龟山之学。现存的所有萧山县志，也均为杨时立传。萧山文庙戟门之右的名宦祠内，杨时之像也始终位列其中。道学在萧山的日益兴盛，使萧山形成了"好学笃志，尊师择友，弦诵比屋相闻，不事奢靡，士大夫占产甚薄，缩衣节食，以足伏腊"的良好风气。民多以耕读为事，士均以气节相高。北宋以后，萧山名士辈出，科举登第者不胜枚举。而湘湖，自杨时主持开筑以来，成为萧山最重要的水利工程，"乡民羡湘湖之利，或蚕丝以资生，或力田以输赋"，润泽萧山几个世纪。

政和四年（1114），杨时离任，家家不舍，户户堕泪。萧山百姓有感于杨时之恩，特于湘湖旁为其建立生祠，时时祭祀。这座祠堂，就是现今的德惠祠。明成化二年（1466），知县窦昱建在德惠祠旁建道南书院，以念杨时传道萧山之德。"道南"一词，便是取自明道先生赞杨时的"吾道南矣"一句。

杨时和罗从彦、方从礼仍在湘湖泛舟。杨时早已收起内心的喜悦，他也意识到自己将要离开萧山了。他于这朦胧的夜色中,开始变得心绪不宁起来。六十二岁的他,依旧得为了弘扬道学而四处奔走,下一站,自己又将去往何方呢?罗从彦正呆呆地出神,他还在琢磨与老师论学的内容。他自知比不上颜渊,却有颜渊之叹,以为老师之道,"仰之弥高,钻之弥坚,瞻之在前,忽焉在后","虽欲从之,末由也已",自己还得时刻侍奉老师左右,以便讨教。只有方从礼,喝得酩酊大醉,他一会儿看看月亮,一会儿看看水中,嘴里喃喃道:"杨大人……难得……难得……"

参考文献

1.《宋史》,中华书局,1977年。

2.〔宋〕杨时撰,林海权整理:《杨时集》,中华书局,2018年。

3.〔宋〕罗从彦:《罗豫章集》,中华书局,1985年。

4.〔明末清初〕黄宗羲原著,〔清〕全祖望补修:《宋元学案》,陈金生、梁运华点校,中华书局,1986年。

5.来裕恂:《萧山县志》,天津古籍出版社,1991年。

6.王国平总主编:《湘湖(白马湖)文献集成》第1册《湘湖水利文献专辑(上)》,杭州出版社,2014年。

7.杨渭生:《南宋理学一代宗师——杨时思想研究》,上海古籍出版社,2018年。

第四章

侍讲惨遭逐，待罪喜传道

宁宗的烦恼

宋宁宗赵扩已经出离愤怒了。自己一纸内批，逐朱熹出朝，不料竟引得朝臣纷纷上疏。大臣们或劝或责，完全不把自己这皇帝放在眼中。

当晚内批一下，就有右丞相赵汝愚且谏且拜，欲将内批还给自己。内批授朱熹后，自赵汝愚以下，给事中楼钥、舍人邓驲、起居郎刘光祖、中书舍人陈傅良、工部侍郎兼侍讲黄艾、礼部侍郎兼侍讲孙逢吉、监察御史吴猎、登闻鼓院游仲鸿等，不断奉还录黄[①]，乞求留朱熹在朝。吴猎还与前事相联系，上疏说逐退朱熹是"乱政"，对于自己"今日出一纸去一宰相，明日出一纸去一谏臣"的做法极为不满。更有项安世，认为此举为"骇异变常之举"，竟敢指责自己"夫人主患不知贤尔，明知其贤而明去之，是示天下以不复用贤也。人主患不闻公议尔，明知公议之不可而明犯之，是示天下以不复顾公议也"。

赵扩心中郁闷。堂堂帝王，竟被一群臣子指着鼻子问责。这群酸儒还妄图让自己收回旨意。什么"除目之颁，满朝失色。一则归咎宰执，不能回密旨于未出之初；一

[①] 录黄，宋时中书省承旨起草的一种文件。《宋史·职官志一·中书省》："皆承制颁旨以授门下省，令宣之，侍郎奉之，舍人行之。留其所得旨为底：大事奏禀得旨者为'画黄'，小事拟进得旨者为'录黄'。"

则交讫给舍，不能还成命于已行之后。纷纷之言，其来未已"，分明就是在给自己施压。还有那个游仲鸿，去了一个朱熹，怎么就"人孰不欲去"了？去了一个朱熹，怎么就"使小人得志，养成乱阶"了？更可恶的是孙逢吉，说话拐弯抹角，天天在自己耳边念叨《秦风·权舆》。不留朱熹在朝，就"今也每食无余，今也每食不饱"了？不留朱熹在朝，就"于嗟乎，不承权舆"了？

赵扩胸中之气不打一处来。这帮心中无主的臭儒，以朱熹为"天下大老"，为着朱熹，竟敢屡屡触犯自己，违逆旨意。赵汝愚身为宗室大臣，不仅未能为己分忧，还带头抗旨，岂有此理！他们把我赵扩置于何处？金口玉言，如何能改？他们还想造反不成？

宋宁宗赵扩越想越气，重重地将札子摔在地上。他已经不想批复诸大臣的札子了。这几日，一睁眼便是这批人，一翻札子就是这件事，他的耐性快要被这群不知天高地厚的臣子给磨没了。什么天下儒宗？朱熹所言，多不可用！听他劝讲，徒增烦恼而已。所幸，自己还有王喜的表演可看。王喜此人，倒也有趣得紧，竟然将朱熹那副讲说性理的模样演得如此滑稽。王喜峨冠大袖，效朱熹容止，以儒为戏，颇可一乐。想到这，赵扩又笑了起来。

赵扩似乎忘了，两个多月前，他是如何夸赞朱熹，并盛情召他入朝的。倘若他还记得，或许他会为此时的想法而感到脸红。

三个多月前的绍熙五年（1194）八月癸巳日，宋宁宗赵扩降告身一道至潭州，除朱熹为焕章阁待制兼侍讲，告词云："朕初承大统，未暇他图，首辟经帷，详延学士。眷儒宗之在外，颁召节以趣归，径登从班，以重吾

朱熹

道。尔发六经之蕴，穷百氏之源。其在两朝，未为不用，至今四海，犹谓多奇。擢之次对之班，处以迩英之列，若程颐之在元祐，若尹焞之于绍兴。副吾尊德乐义之诚，究尔正心诚意之说，岂惟慰满于士论，且将增益于朕躬。非不知政化方行，师垣有赖。试望之于冯翊，不如置之本朝；召贾傅于长沙，自当接以前席。慰兹渴想，望尔遄驱。"告词中，赵扩将朱熹与程颐、尹焞作比，并说自己不会像汉宣帝用左冯翊试探萧望之一样来试探朱熹，而是如汉文帝召贾谊于长沙并于夜半前席相问一般，是真心求教。崇儒之心勤勤恳恳，任谁看，都看到了一位圣主的虚心好学与求贤若渴。

如果赵扩还记得四个多月前初登大宝的他迫不及待地召朱熹赴行在奏事的情景，或许他就不会以王喜的卑劣表演为乐了。如果他还记得自己尚为嘉王时一闻朱熹名德便遗憾其不得为自己讲官时的心情，或许他就不会认为听朱熹劝讲是徒增烦恼了。

赵扩似乎忘了自己尚在潜邸时，嘉王府翊善黄裳对他讲的"若欲进德修业，追踪古先哲王，则须寻天下第一等人乃可"。黄裳说，这天下第一等人，便是朱熹啊！

赵扩自然也不会记得自己曾经说过"退朝亦无事，恐自怠惰，况酬应万物，非多读书不可"这类话。"金口玉言，如何能改？"他此时热衷于优伶之戏，莫不是一改"非多读书不可"之前言？他忘记了他也曾认可"人君之学与书生不同，惟能虚心受谏，迁善改过，乃圣学第一事"这样的劝诫。

当了四个多月的帝王，赵扩有些膨胀了。他开始变得听不进谏言，开始敌视以赵汝愚为首的中正之臣，开始宠幸外戚韩侂胄，进而宠幸由韩侂胄安排进宫的伶人王喜。他开始逐渐享受专制所带来的快感，并开始逐渐厌恶忠言所造成的烦闷。

宋宁宗赵扩，变了。

朱熹的坚持

朱熹已经在灵芝寺①待了三天了。灵芝寺位于涌金门外，临西湖而建，是钱武肃王之故苑。灵芝寺因地产灵芝而得名，至宋代而规制宏敞。寺内设有浮碧轩和依光堂，为新进士题名之所。依光堂内，还设有御座。宋高宗和宋孝宗，便曾四次临幸此地。此刻，朱熹就站在依光堂前，望着堂内的御座沉默不语。

五日前，朱熹也曾这样站在御座旁，只是那时的御座在遥远的内廷，上面还坐着一位看似留神学问的帝王。

绍熙五年（1194）闰十月十九日晚，为宁宗做完第

① 灵芝寺于岁月流逝中几经毁建，终究未能保存下来。万幸的是，灵芝寺内有一明代所建的表忠观，虽经兵燹人祸，却得以留存，然亦只剩下了一小院。这个小院，就是现在南山路上的钱王祠。

七次经筵讲读的朱熹和往常一样，留身面奏，希望赵扩能够施行其前些时日所奏之事。原来，上月朱熹于进讲留身时，曾向宋宁宗赵扩面奏四事：第一，针对赵扩修葺东宫一事，朱熹提出"不宜大兴土木以就安便"；第二，针对赵扩与太上皇赵惇间的微妙关系[①]，朱熹提出赵扩应下诏自责，在五日一朝寿康宫见赵惇时，应"流涕伏地，抱膝吮乳"；第三，针对"今进退宰执，移易台谏，皆出陛下之独断，大臣不得与谋，给舍不及议"的现象，朱熹提出要重整朝廷纲纪，革除弊端；第四，论"攒宫"之事，认为选择孝宗墓地，"不宜偏听台史胶固缪妄之言"。

十月二十三日面陈四事时，朱熹一改往日之委婉，严厉批评了宁宗的偏听专制。尤其是于朝廷纲纪问题上，朱熹直斥赵扩有违古今之常理、祖宗之家法，"非为治之体"，却"启将来之弊"。他将矛头径直对准赵扩背后的韩侂胄，说"中外传闻，无不疑惑，或谓左右或窃其柄"，提醒赵扩"如陈源、袁佐之流，皆陛下所亲见也。奈何又欲袭其迹而蹈之乎"。他担心道："臣恐名为独断而主威不免于下移，欲以求治而反不免于致乱。"彼时韩侂胄居中用事，朱熹屡屡向宁宗表达自己的忧虑，并不断建议丞相赵汝愚，"处韩（侂胄）以节钺，赐第于北关之外，以谢其勤，渐以礼疏之"。可惜二人均不以为意。朱熹希望赵扩能够"深诏左右勿预朝政"，并且为赵扩指明了革弊的方法。朱熹以为，要想振肃纲纪，"则不惟近习不得干预朝权，大臣不得专任己私"，帝王亦不能专断独行。

可以说，作为帝王师的朱熹，在留身面奏时，是以一种俯视的姿态在指导着赵扩的。可惜朱熹只知讲经尊经，却缺乏政治斗争的经验，也不善于曲意逢迎，他单纯地以为自己只要尽到身为帝王师的职责即可。所以，他不知收敛，进讲时依旧直刺宁宗的痛处。他不知道，

[①] 赵惇时患心疾，常神志不清，以为仍未退位。赵扩朝宫，赵惇常拒之，故赵扩亦显得很冷漠。

宋宁宗赵扩已经不开心了。这种不开心的最直接表现便是，赵扩对于朱熹的面奏一律不报。

朱熹仍抱有幻想，故而在闰十月十九日晚经筵进讲结束后，他仍向宁宗乞赐施行前所奏四事。

朱熹怎么能不心存幻想呢？朱熹本来是不愿进京的，无奈召命一道接着一道。他一再上辞免状，可宁宗就是不允，还再三催促。一则无法推辞，二则宁宗增置讲员、广立课程，深有愿治之意，为了国家大义，朱熹不可不往。未进京前，朱熹是有忧虑的。他自潭州赴召启行，至上饶，听闻丞相留正因一二事忤旨而被批逐，心下担忧，说："人心易骄如此，某今方知可惧。"他对赵扩批逐留正的做法颇不赞同，认为"大臣进退，亦当存其体貌"，不宜如此。更让他引以为忧的是，朝堂上缺少明礼知义之人。留正被逐或许是由于庙堂诸公劝说宁宗所致，可"幼主新立，岂可导之以轻逐大臣"？想到了这一点，朱熹前往朝廷的心思便又坚定了几分。既然自己有机会成为帝王师，何不趁此引导圣上改变这种状况呢？

朱熹是带着期望进京的。身为"天下第一等人"，他的入侍经筵可谓万众瞩目。天下儒者都对朱熹抱有极大的期望，"先生劝讲经筵，实居师保之职，前日责在大臣，今日责分先生矣"，"言众人所不敢言，辨众人所不能辨。然后先生素履之志，可不谕而孚；经纶之业，可次第而举"。果然，初进京的朱熹发现一切似乎都如他所希望的那样。尤其是结束第一次经筵进讲后，他发现宁宗勤奋好学，虚心嘉纳，并无傲气。宁宗不仅同意谅暗（指居丧）开讲，还欣然接受朱熹提出的假日进讲的请求。宁宗甚至还听从朱熹的劝谏，下诏却瑞庆节贺表。朱熹很开心，认为君臣间一片和乐，自己将大有可为。

沉浸在幻想中的朱熹自然不会考虑到他的奏疏会泄露。他面陈四事，不仅使赵扩心中不悦，更使得知详情后的外戚韩侂胄暴跳如雷。于是，韩侂胄暗地里与其党羽谋划，想要除掉朱熹。"去其为首者，则其余去之易尔。"韩侂胄所谓的"为首者"，指的便是朱熹。韩侂胄的计谋之一，便是于禁中令优人效朱熹容止为戏，荧惑上听。这个优人，就是王喜。

朱熹急于致君，知无不言，言无不切。他见宁宗对自己所奏之事毫无反应，以为只是年轻人偶尔的惰性在作祟，并没有意识到赵扩已然不悦。身为帝王师的自己，不就应该尽到督促的职责吗？朱熹想到，正是因为自己的督促，曾奏乞令后省看详封事，陛下才下旨将未施行之献言"令后省官锁宿看详，择其善者，条上取旨，以次施行"。如今，自己亦有必要再次督促陛下，提醒他

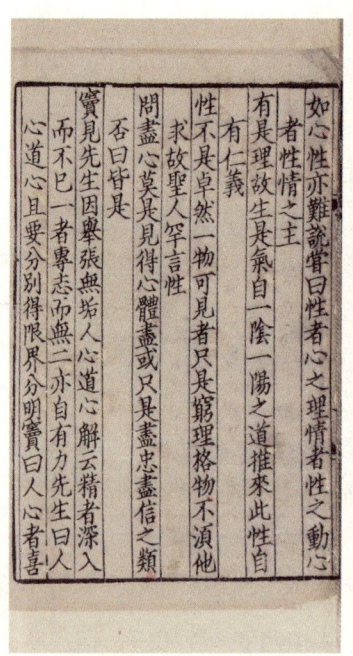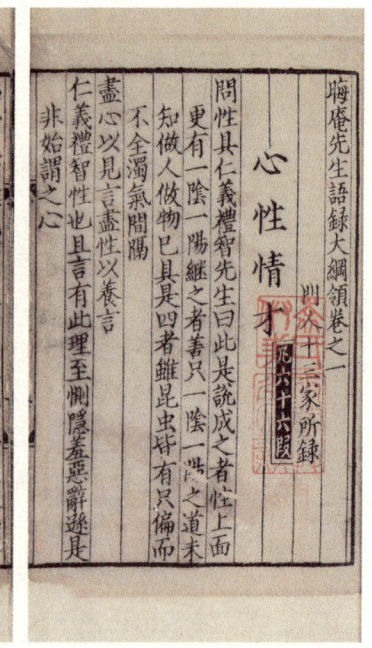

《晦庵先生语录大纲领》书影

尽快施行前日所奏之事。

朱熹没有想到，他等来的不是嘉纳，也不是沉默，他等来的是宁宗"除宫观"的一纸内批。内批由韩侂胄所派遣的内侍王德谦直接送到了朱熹的寓所。直到此刻，朱熹才恍然大悟，朝廷宵小当道，帝王昏聩自专，自己实在是太天真了，竟然妄图以"帝王师"这样的虚职来正君心，扶社稷。他终于明白了赵扩不报的原因。

当晚，赵扩罢朱熹经筵，内批除宫观。宫观即宫观使，是一个闲职。宋代宫观官制是权臣排除异己的重要工具。两日后，内批付下，朱熹即附奏谢，出居城南灵芝寺待命。

朱熹的经筵讲义

朱熹望着灵芝寺里的御座，眼前一一浮现自己身为"帝王师"这四十六日来经筵进讲的情景。是虚幻吗？七次经筵进讲，自己非但未能有所作为，还落得个被赶出朝的下场。

朱熹有些沮丧。他想起了赵扩的那一纸内批："朕悯卿耆艾，当此隆冬，恐难立讲，已除卿宫观，可知悉。"宋宁宗赵扩话虽客气，可客气之下却满是不屑与厌恶。朱熹猛然惊觉，这不正应了自己在上饶时的忧虑吗？"大臣进退，亦当存其体貌"，自己请辞不得而赴京，未等请去而被逐，可谓颜面扫地。

沮丧之外，朱熹的心头又开始被另一种涌现的情绪所占据，他开始忧虑起来。自己颜面扫地事小，江山社稷事大。陛下嗣位未久，理应一新庶政，爱惜名器，如今却将名器轻易假人，以致韩侂胄等近习用事，黄度等谏臣远离。不听谏言，任用小人，国家如何得治？百姓如何得安？他想到了那些道学朝臣们为了留自己在朝而发起的联名上书，想到了他们必定会在赵扩面前苦口婆心地规劝；他也料定了，赵扩对于这些臣子的札子或面奏，不是不报，就是不痛不痒地敷衍几句。朱熹有些痛心。绝对的权力使我们这位年轻的帝王无法虚心以纳下，他已经听不进任何谏言了。君心不正，朝廷如何能正？朝廷不正，百官如何能正？百官不正，天下如何能正？四十几日的焕章阁待制兼侍讲，朱熹一直想要"正君心"，他七次进讲《大学》，几乎都是围绕这个主题展开的。

朱熹的经筵进讲，不是采用章句训诂来引导赵扩，而是通过阐发义理来为赵扩构筑帝王之学。他将《大学》分为"经""传"两个部分，在讲字词、讲句意、讲章旨的同时，用"臣窃谓""臣谨按"等语另起一段，进行义理的阐发。朱熹希望通过自己对《大学》的诠释，来促使赵扩"即事观理以格物"，进而致知，诚意，正心，修身，最后齐家，治国，平天下。

朱熹认为，"天地之间，一气而已"，世间万物，都是由气所化而来。人之所以有别于禽兽，就是因为人得了天地间正且通之气；而圣人，便是在正且通的基础上，得气之清且纯者。他认为："人之所得乎天，至明而不昧者也。但为气禀所拘，人欲所蔽，则有时而昏，故当有以明之而复其初也。"在经筵进讲过程中，朱熹一再提醒赵扩，人之所以无法"明明德"，就是因为被气禀、物欲所害。帝王只要能够去人欲而复天理，不为气禀所拘，那么尧舜便可学而至焉。

朱熹撰《经筵讲义》告诉赵扩："自天子以至庶人，一是皆以修身为本。"他再三于赵扩耳边唠叨："臣愿陛下清闲之燕从容讽味，常存于心，不使忘失，每出一言，则必反而思之曰：'此于修身得无有所害乎？'每行一事，则必反而思之曰：'此于修身得无有所害乎？'小而嚬笑念虑之间，大而号令黜陟之际，无一不反而思之。"因为在朱熹看来，"君犹表也，民犹影也，表正则影无不正矣；君犹源也，民犹流也，源清则流无不清矣"，只有帝王修身正己，朝廷才能正，百官才能正，天下才能正。他借《大学》中的"汤之《盘铭》"一节，提醒赵扩，要自警自戒，要时常"洗濯其心以去恶"。朱熹道："盖民之视效在君，而天之视听在民。若君之德昏蔽秽浊而无以日新，则民德随之，亦为昏蔽秽浊而日入于乱。民俗既坏，则天命去之，而国势衰弊，无复光华。如人向老，如日将暮，日凋日瘁，日昏日暗，不觉灭亡之将至。若其有以自新而推以及民，使民之德亦无不新，则天命之新将不旋日而至矣。"盘是沐浴之器，盘铭就是在沐浴之器上所刻的用以自戒的铭文。朱熹以为，古之圣贤兢兢业业，尚且忧虑自己会懈怠，故刻铭于常用的沐浴之器上用以致戒，希望能够"常接乎目，每警乎心"，如今的帝王，更应该"自强其志，以胜其气禀之偏、物欲之蔽"，更应该"深自省察"，去恶而迁善。

朱熹一旦身为帝王师，便有了帝王师的觉悟。他的觉悟不在溜须拍马，他的觉悟在于想要引导赵扩成为一代圣王。故而，朱熹"得理不饶人"，《经筵讲义》中，他不厌其烦地为着他的圣王理想努力着："臣愿陛下深留圣意而实致其功，必使一日之间晓然有以见夫气禀物欲之为己害，脱然有以去之而无难，则天理之明瞭然在目，而有以为日新之地矣。"沉浸在为人师的角色中无法自拔的朱熹没有意识到，赵扩已然对他的"啰唆"开始厌烦了。

朱熹之所以茫然不知，除了他一心扑在圣王理想上，还因为赵扩实在是掩饰得太好了。赵扩非但没有在朱熹面前表现出任何不满，还装出一副虚心好学的模样。朱熹进讲,每及数次,就会将前所讲者编次成帙,呈送给赵扩,以便赵扩时常温习。赵扩每每开怀容纳,且令朱熹点明句读,俨然是一位有志于学的明君形象。他还迎合朱熹所讲,欣然曰:"宫中尝读之,其要在求放心耳。"朱熹听了此言,心下还十分感动,认为"圣学高明,宣谕极是",并上札子乞请赵扩"日用之间,语默动静,必求放心以为之本"。正是宋宁宗赵扩的虚与委蛇,使得朱熹产生了"上可与为善,愿常得贤者辅导,天下有望矣"的错觉。

灵芝寺里的朱熹,望着浮碧轩与依光堂里那一个个进士的题名,心下越发感慨。这些都是国之栋梁啊!依光堂的墙壁上题满了姓名,御座就临窗放着。可即便御座周围围满了栋梁,栋梁依旧只是在墙上啊,除非是帝王主动靠近,否则,他们永远无法走下"墙壁",站在帝王身旁。

传道灵芝寺

相较于宋宁宗赵扩的气愤和以赵汝愚为首的道学朝臣的惊恐,灵芝寺里的朱熹倒是因着罢讲而得了几日清闲。他虽然不时仍有虚幻之感,但紧绷着的神经至此也总算可以略松一松了。帝王师不是那么好当的,夹在道学朝臣、韩侂胄与赵扩三方之间,朱熹也甚觉疲惫。朝廷中的尔虞我诈本就不适合我们的道学之魁朱熹,如今一日被逐,卸下了担子,再也不用经受"人为刀俎,我为鱼肉"的痛苦与无奈,未尝不是一种解脱。

道学朝臣们依旧在声势浩大地进行着营救"天下大老"的活动,并借此重点批评了赵扩的专制;韩侂胄心内得意,纠集了心腹正准备庆功;赵扩边生气边欣赏着王喜的表演,嘴角不时露出一抹耐人寻味的笑容。

一切都因朱熹而起，可又似乎都与朱熹无关。道学朝臣们抓住了狠批帝王的机会，韩侂胄得意于与赵汝愚党相抗后所取得的胜利，赵扩满足于皇权得到了巩固以及制约了朝臣与近习间的势力争斗，只有我们的当事人朱熹，仿佛置身事外。

寓居灵芝寺的朱熹心里有过悲凉，有过愤慨，有过沮丧，有过担忧，"致君尧舜上"的理想已然破灭，然而，这位白发老人并未因为道之不行而意志消沉：既然庙堂容不下我，江湖总能容我；既然帝王容不得我，道学总能容我。褪去帝王师的光环，朱熹依旧是那个"天下大老"。他将心思从侍讲被逐的落寞中逃离出来，又毅然决然地开始为弟子传道解惑。是啊，"天下第一等人"，怎能因不遇而自怨自艾呢？朱熹，还肩负着传道之责，肩负着使道之正统章章而著的任务呢！

朱熹不再执着于依光堂内的御座了，他的目光开始由灵芝寺内转向灵芝寺外。他开始远眺西湖，开始向往西湖远山那头的生活了。远离庙堂给朱熹带来了精神上的解脱，他变得愉悦起来。然而，卸下"帝王师"的担子后，朱熹并没有因此而懈怠。"天下第一等人"的身份也容不得他懈怠。

朱熹虽然不受帝王赵扩的待见，可他依然是众多儒生心目中的道学第一人。故而，清闲的日子甫一开始，便结束了。灵芝寺成为道学弟子们的朝圣之所。朱熹的弟子黄榦、林用中、舒高、余大猷、吴南、王汉、李杞等纷纷前来叩请问学，灵芝寺一时热闹起来。朱熹每日于寺中读书讲学，一扫被逐的阴霾，竟觉得说不出的欢畅。

灵芝寺虽为待罪之地，却也成了朱熹"穷理以致其知，反躬以践其实，居敬以成其始终"的又一起点。朱熹清醒地认识到，无论是帝王、朝臣还是近习，于立身处世上，都只做表面功夫，爱唱空言，不肯实干，都未能做到诚敬。诚者，不自欺不妄；敬者，不怠慢不放荡。诚敬才是人立身行己、应事接物之本。只有经历了经筵进讲的失败，看到了朝廷内斗的荒诞，朱熹才能对现实有更深刻的理解。他告诉前来问学的弟子们，要以持敬为本。他向弟子们指出："凡人为学须穷理，穷理以读书为本。孔子曰'好古敏以求之'，若不穷理，便只守此，安得有进底工夫？……且更穷理，就事物上看。穷得这个道理到底了，又却穷那个道理。如此积之以久，穷理益多，自然贯通。穷理须是穷得到底，方始是。……凡事事物物，各有一个道理，若能穷得道理，则施之事物，莫不各当其位。如'人君止于仁，人臣止于敬'之类，各有一至极道理。……凡万物莫不各有一道理，若穷理，则万物之理皆不出此。"朱熹的这番话，既是对经筵进讲的总结，也是对经筵进讲的反思：世人倘若能以诚敬之心去做格物穷理工夫、以诚敬之心去做主敬涵养工夫，能真正落到实处，存理灭欲，那么便可齐家、治国以至平天下。

绍熙五年（1194）闰十月二十五日，赵扩为堵朝臣之嘴，为得一时清净，被迫下旨，改除朱熹宝文阁待制，与州郡差遣。然而，宝文阁待制是虚，州郡差遣是实，无论道学朝臣如何规劝求情，都无法改变赵扩欲逐朱熹出朝之决心。而此时的朱熹，亦早已想明白，自己的归宿在江湖，而非庙堂，他想尽快远离这个是非之地，根本无心接受任命。朱熹上了辞免状，于闰十月二十六日匆匆离开灵芝寺，带着他的一众弟子，回福建去了。舟过桐庐严子陵钓台，朱熹心头一时感慨，咏出一首《水调歌头》：

不见严夫子，寂寞富春山。空留千丈危石，高出暮云端。想象羊裘披了，一笑两忘身世，来插钓

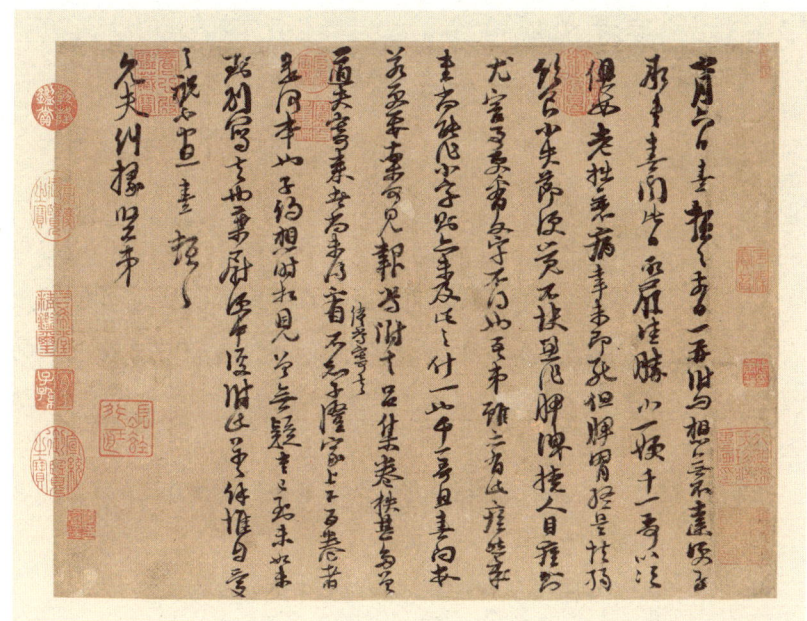

朱熹《书翰文稿》(局部)

鱼竿。肯似林间翩,飞倦始知还。　中兴主,功业就,鬓毛斑。驱驰一世人物,相与济时艰。独委狂奴心事,未羡痴儿鼎足,放去任疏顽。爽气动星斗,终古照林峦。

"肯似林间翩,飞倦始知还?"朱熹就这样,沿着富春江,离了京畿,向着武夷而去。朱熹不会知道,他这一去,朝廷将迎来更大规模的动荡。那些为他仗义执言的道学朝臣们,将一个个被驱逐出朝。离开灵芝寺的朱熹此刻只想着退居讲学、读书传道。他不会想到,即便他只想成为倡道民间的"学术素王",在这场朝廷清洗道学朝臣的运动中,自己依然难逃"逆党"的罪名。

朱熹坐着小舟远去了。他的人生的最后的篇章,亦将如这远去的舟子一般,在茫茫江面上摇摇晃晃,浮浮沉沉。他不知道,一场更大的灾难在等着他。

参考文献

1.〔宋〕朱熹撰，朱杰人、严佐之、刘永翔主编：《朱子全书》，上海古籍出版社、安徽教育出版社，2002年。

2.〔宋〕黎靖德编：《朱子语类》，中华书局，1986年。

3. 束景南：《朱熹年谱长编》，华东师范大学出版社，2001年。

4. 束景南：《朱子大传："性"的救赎之路》，复旦大学出版社，2016年。

第五章　养疴圣果寺，脱身钱塘江

沸腾的贡院

明正德二年（1507）八月十五日中秋，天刚过晌午，杭州浙江贡院前的登云桥上就来了一位僧侣打扮的中年男子。男子满是焦急，在稀稀拉拉的人群中快速穿梭着，额头竟微微泛出汗来。他径直来到贡院门口，颇有往里闯的心思，但终究还是停了下来，只是眼睛仍不时望向那紧闭着的大门。

此时在贡院内进行的，正是正德二年丁卯科浙江乡试的最后一场考试。明代乡试每三年举行一次，逢子、卯、午、酉之年开考，因在秋天举行，故称"秋闱"。考试分三场，"自初九日始试初场，复三日试第二场，又三日试第三场"，每场各考一天。八月十五，恰是第三场经史时务策的考试。

一名僧人出现在考场外，还是很惹人注意的。尤其是和尚神色慌张、眉头紧锁的样子，更让人不得不把目光聚集到他身上。所幸现在天色尚早，离考试结束还有一段时间，贡院前亦颇为空闲，三三两两的人只看了和尚一眼，便各自为自己的家人、主人祷告去了。

天色向晚，已近交卷时辰。院门口人越聚越多，多是考生的家眷及仆役。和尚愈加着急，巴巴地望着院门。

不知哪来的小厮，见和尚模样好笑，便想逗他一逗："大师，劳驾往后站站，您一个出家人，也慕那功名，想那举人老爷做吗？踮着脚往里看，也看不来如来佛祖、十八罗汉啊！"

和尚被猛地一问，也不恼，回道："施主，你有所不知，我是圣果寺的知客僧，在此，正是为了寻一位老爷。我们寺里出大事了！"

众人一听圣果寺里出大事了，好奇心顿起，纷纷围拢过来，将原本就不大的场地挤得越发局促了。有人喊道："大师，你说说，寺里出什么事啦？"

和尚见院门还未开，接口说道："住在我们寺里养病的阳明先生，今日忽地不见了踪影。我们寻了许久也未寻到。只在他所住僧舍的墙壁上见到两张纸，说什么被人抓走了，还说自己今夜必死，务必为其报于家人知之。我此来，便是等阳明先生之弟及妹婿出考场，告知此事。"

和尚此言一出，小厮还不觉甚要紧，围观的人群中却发出一声声惊呼："什么！阳明先生失踪了？和尚，你说的可是那王守仁王阳明？"

和尚道："正是。我们还在江边发现了王公的鞋子，他怕是已投江而死了。"

和尚的"死"字刚说完，贡院的大门便打开了。一名名举子或喜或忧地从内而出，方一踏出院门，便听得人群中有人高喊："阳明先生遇害啦，大家快去圣果寺

《圣果寺图》〔引自〔清〕释超乾《凤凰山圣果寺志》，光绪七年（1881）钱塘丁氏刊本〕

看看啊！"

只一声，举子间便炸开了锅。一传十，十传百，人群挤挤攘攘地便推着大家往圣果寺走。举子也不管候着的家眷了，和尚自然也寻不到要寻的人了，大家只是一股脑儿地涌向万松岭。

圣果寺位于凤凰山中峰，为唐乾宁年间无著文喜禅师所建。寺庙经唐至明，屡遭毁建，明洪武初年，由盥初敬公重建。寺内石壁上镌有弥陀、观音、势至三圣及十八罗汉，气象恢宏。圣果寺南面钱塘江，北临西子湖，"高轩虚阁，尽得江山之胜概"，甚为历代文人墨客所喜。王阳明失踪前，便寓居于此。

士人们赶到圣果寺，嚷着要到阳明寓处见其所留手笔。正吵嚷间，阳明之弟王守文同着妹婿徐爱拨开人群，径直走向了僧舍。众举子见状，亦纷纷跟随。及进门，果见壁上留有二纸，王守文赶忙上前，只见纸上写道：

予，余姚王守仁也。以罪南谪，道钱塘，以病且暑，寓居江头之胜（圣）果寺。一日，有二校排闼而入，直抵予卧内，挟予而行。有二人出自某山蒙茸中，其来甚速，若将尾予者。既及，执二校，二校即挺二刃厉声曰："今日之事，非彼即我，势不两生。吾奉吾主命，行万余里，至谪所不获，乃今得见于此，尚可少贷以不毕吾事耶？"二人请曰："王公，今之大贤，令死刃下，不亦难乎？"二校曰："诺。"即出绳丈余，令余自缢。二人又请曰："以缢与刃，其惨一也。令自溺江死，何如？"二校曰："是则可耳。"将予锁江头空室中。予从窗谓二人曰："予今夕故决死，为我报家人知之。"二人曰："使公无手笔，恐无所取信。"予告无以作书。二人则从窗隙与我纸笔。予为诗二首、告终辞一章授之，以为家信。

其一
学道无闻岁月虚，天乎至此欲何如？
生曾许国惭无补，死不忘亲恨有余。
自信孤忠悬日月，岂论遗骨葬江鱼。
百年臣子悲何极，日夜潮声泣子胥。

其二
敢将世道一身担，显彼天刑万死甘。
满腹文章方有用，百年臣子独无惭。
涓流裨海今真见，片雪填沟旧齿谈。
昔代衣冠谁上品？状元门第好奇男。

（二人，一姓沈，一姓殷，俱住江头，必报吾家，必报吾家！）

——杨仪《高坡异纂》

另有"告终辞"一篇，篇末显眼处写有"阳明公入水，沈玉、殷计报"一行大字。

王守文读毕二纸，也不说话，将其传于徐爱。徐爱接手观览，心下一惊，仰天叹道："天生阳明，倡千古之绝学，岂如是而已耶？"此时，僧舍内早已挤满了举子，他们见王、徐二人，一个不发一语，一个仰天长叹，心内焦急。内中一人，早已按捺不住心中的好奇，一把便抢过徐爱手中的阳明手迹。接着，惊呼声四起；随后，举城震动。

"死了的王阳明"

从手迹及江边的种种痕迹来看，王阳明确实已经投江。并且，王阳明说得很清楚，他是遭二校劫持，不得已而投江决死。为他报信的，就是欲救阳明而不得的沈玉、殷计二人。而命二校"行万余里"追杀阳明之人，便是权宦刘瑾。

时任兵部主事的王阳明，于正德元年（1506），因上疏乞宥言官戴铣、牧相而得罪宦官刘瑾，被下锦衣狱。[①] 出狱后，被贬为贵州龙场驿驿丞。在离京赴谪途中，他呕血旧疾复发，因恰至钱塘，便寓居在圣果寺，一来可以养病，二来也可见一见亲友。

王阳明于圣果寺被劫，最终投江而死，一切似乎都合乎逻辑，因为无论是官府还是士人，均无人寻得到他的踪迹。于是，"王阳明死了"的消息一夜传遍钱塘。自此，圣果寺天天有士子前来"瞻仰"阳明题壁。圣果

① 正德元年，言官戴铣、牧相等因弹劾太监高凤、疏刘瑾不法数十事而被捕。牧相为王阳明姑父，故阳明上《乞宥言官去权奸以章圣德疏》援救戴铣、牧相等。

寺本是清幽所在，此番因着王阳明，竟引得众多读书人多日不散，整日吵嚷。这王阳明，究竟是何方神圣？

王阳明，浙江余姚人，原名王云，后改名王守仁，字伯安。阳明是他的号。王阳明之父，乃明成化十七年（1481）状元王华。状元之子的身份固然让人重视，然"阳明之死"之所以广受关注，更在于王阳明是一位笃学学者、刚直朝臣。

王阳明笃学。他少年时就有志于圣人之道，遍求朱熹著作而读之，欲格天下之物以得先儒格致之说，七日格竹，想要格竹中之理。他受理学大儒娄谅"圣人必可学而至"观点的影响，勤读儒家经典，依托举业，对四书进行系统的研究。他苦读经史，在刑部任职期间，"日事案牍，夜归必燃灯读五经及先秦、两汉书，为文字益工"。王华恐他过劳成疾，命家人晚上不许置灯于书室。王阳明待父亲睡去后，依旧挑灯夜读，后落下了呕血之症。

王阳明有才华。他随父入京后进入太学学习，于一班贤士大夫中脱颖而出，成为名满京城的名士。他和李梦阳、何景明等诗坛名家往还唱和，"成为弘治诗坛上的一个活跃人物"。"弘、正间，京师倡为词章之学，李、何擅其宗，阳明先师结为诗社，更相唱和，风动一时，炼意绘辞，浸登述作之坛，几入其髓。"他是京城文会雅集的常客。

王阳明刚直。他是刑部"西翰林"名士中的中坚。"西翰林"由刑部一批锐意进取的年轻人组成，他们常讲学论文至夜分，评议朝政，希望能够革除刑部刑狱之弊端。王阳明在外派地方审决重囚时，平反了很多冤假错案，执法明善，从不徇私枉法。他此番被贬龙场，亦是缘于刚直上谏。就在王阳明"投江而死"不久前，他刚被刘瑾矫诏列为奸党成员，与另外五十二名言官、谏官一起，被榜示朝廷，受到迫害。

尤为重要的是，在士子眼中，失踪的王阳明，已然有了"大儒"气象。王阳明虽一度耽于佛老、神仙之说，然随着阅历的增长，思考的深入，他开始渐渐明白，圣贤之学才是他的归宿。他开始"求古圣贤而师法之"。"以有限之精神，弊于无益之空谈，何异隋珠弹雀，其昧于轻重亦甚矣！纵欲立言为不朽之业，等而上之，更当有自立处。大丈夫出世一番，岂应泯泯若是而已乎？"在一众名士还溺于词章之学时，王阳明幡然醒悟，首倡"使人先立必为圣人之志"，开始探究身心之学。他认为："使学如韩、柳，不过为文人；辞如李、杜，不过为诗人。果有志于心性之学，以颜、闵为期，当与共事，图为第一等德业。譬诸日月终古常见，而景像常新。就论立言，亦须一从圆明窍中流出。盖天盖地，始是大丈夫所为。傍人门户，比量揣拟，皆小技也。善《易》者不论《易》，诗到无言，始为诗之至。"王阳明手书李侗"默坐澄心，体认天理"之语作为自己的座右铭，与一代真儒陈白沙之弟子湛若水朝夕论道讲学，共倡圣学。"默坐澄心"，于静中养出端倪；"体认天理"，以日用常行分殊为功用，体认物理。"默坐澄心，体认天理"也成为阳明身心之学之大旨。

王阳明在锦衣狱中亦不忘圣贤之学，与狱友讲《周易》弥月，昼夜不怠，更成《读〈易〉》诗一首，云："囚居亦何事？省愆惧安饱。瞑坐玩羲易，洗心见微奥。乃知先天翁，画画有至教。包蒙戒为寇，童牿事宜早。蹇蹇匪为节，虩虩未违道。遁四获我心，蛊上庸自保。俯仰天地间，触目俱浩浩。箪瓢有余乐，此意良匪矫。幽哉阳明麓，可以忘吾老。"

"包蒙"出自"蒙"卦九二爻辞"包蒙，吉"，意指被蒙稚者所环绕；"童牿"出自"大畜"六四爻辞"童牛之牿，元吉"，意为给无角的"童牛"加上木牿，喻指在祸患未发之先予以规正。"包蒙戒为寇"，即说君子在被小人包围时，未必要正面对抗，可以采用委曲周旋的方式应敌。"童牿事宜早"就是说，君子要在小人之恶刚刚萌发之时，就进行"畜止"，一旦恶人成势，便扞格难胜了。"蹇蹇""虩虩""遁四""蛊上"亦出自《周易》。"蹇蹇"即努力奔走，"虩虩"即恐惧谨慎。"蹇蹇匪为节，虩虩未违道"是指，在小人得势之时，君子倘若采取自修自慎的态度，同样能够导福泽。王阳明的这首《读〈易〉》，显然是针对朝政有感而发。正是基于这样的政治认识，他才说"遁四获我心，蛊上庸自保"，有了在乱世归隐、以待来时之心。"文王拘而演《周易》，仲尼厄而作《春秋》"，王阳明在狱中，以这样特殊的方式，于圣学经典中汲取人生智慧。"箪瓢有余乐"，这不正是圣人气度吗？

王阳明于京师之时，已成为众多士子前来问学的对象。况其曾主考山东乡试，撰有山东乡试程文范本，"海内传以为式"，怎能不受士子关注？此次寓居圣果寺，又恰逢大比之年，怎能不引得举子纷纷前来探访问学？如江西夏良胜、余姚陆干就前来问学，山阴蔡宗兖、朱节便执弟子礼来见。

三十六岁的王阳明忽地失踪，猝然而亡，必定举城震动。

阳明归来

王阳明之死在杭城闹得沸沸扬扬，然于圣果寺的僧舍内，却又是另外一番景象。至亲王守俭、王守文、徐爱等人并未表现出过度的悲伤。因为他们知道，王阳明并未投江而死，一切都只是他自导自演的一场戏而已。

王阳明之所以演这样一出戏，为的就是掩人耳目，好不赴龙场驿这蛮夷之地。

彼时朝廷正大力清洗"奸党"，王阳明得知自己已入所谓的奸党党籍，此去龙场驿，恐凶多吉少，实不愿前往。朝廷旨意不可抗，前途未卜不愿往，且他本就存了遁心，于是就采取佯狂避世、托死隐居这样的方式来躲避灾祸。归隐，不也正合自己锦衣狱中究《周易》所得吗？

可归隐何处呢？本来，圣果寺是个不错的选择。王阳明曾于弘治十六年（1503）养病钱塘，究读佛经，几乎跑遍了杭州的大小寺庙。因喜圣果寺"江横山足，形若隘观，而观海为最近，得朝夕之景甚异也"，故常寓居寺中。只可惜圣果寺中僧侣多识得自己，且寺内游客太多，常有文人墨客驻留，不适合遁隐。放弃圣果寺后，王阳明又想到了天真山。天真山为玉皇山南侧支脉，正对着圣果寺。"天真距杭州城南十里，山多奇岩古洞，下瞰八卦田，左抱西湖，前临胥海"，自己倘若隐居其中，也能够观湖望海。可一想到天真山同样毗邻杭城，难免被人发现行藏，王阳明便又作罢了。

他思来想去，最终决定往武夷山隐居。武夷是宋儒朱熹讲学之所，是帝王师朱熹被赶出朝后所往之地。王阳明虽不宗朱熹，然其少年时亦于格物穷理一路上下过苦功。王阳明的"默坐澄心，体认天理"由李侗而来，受陈献章影响，强调"心即是理"，走上了心学之路。朱熹师从李侗，他的武夷山，似乎值得一观。况且，武夷山乃"天下第一山"，其上的天游观或可成为自己的容身之所。

于是，他叫来兄弟王守俭、王守文以及妹婿徐爱，密谋远遁武夷一事，于圣果寺的僧舍内，策划了这件轰动一时的投江自沉案。王阳明拿捏好时间，伪造证物及投江现场，还特意捏造了沈玉、殷计两个报信人，于八月十五中秋乡试的最后一日，悠然上船，沿着朱熹入闽的路线，自钱塘江往富春江飘然而去了。至于投江的罪责，就只能落在明眼人都看得出来的刘瑾身上了。刘瑾为清除"奸党"而派二校追杀，似也合乎情理，不会有人深究。所以，当王守文见到阳明手迹时，并不激愤，只是默不作声而已。只有徐爱，为着演出效果，颇有发挥。可徐爱亦为阳明留下了"后路"，倡千古之绝学的阳明，怎能如此轻易死去呢？

不得不说，阳明水遁之招，的确高明，一切都在他的算计当中。然而，王阳明毕竟还是存了圣贤经世致用之心的，故甫一上船，他便开始犹豫起来。王阳明心想，自己固然可以如楚狂接舆、长沮、桀溺般退而自保，以待来时，可为何不能如圣人般"知其不可而为之"呢？他开始游移，自己还有父母族人，万一事发，行踪泄露，岂非连累家人？而武夷山游人如织的景象，又将王阳明拉回了现实。他不得不求助《易》。王阳明连夜斋戒揲蓍，得卦"箕子之明夷"。"明夷"卦六五："箕子之明夷，利贞。"箕子被纣王所囚，未曾逃遁，佯狂自晦以守志，最终等来光明。王阳明受卦象所鼓舞，决定返程。只待了一天，他就从武夷山离开，准备回来直面现实、坚守正道了。

王阳明虽已打定主意，可其回归还面临一个棘手的问题，那就是该如何解释自己"投江而死"却未死之事。圣果寺里的题壁不会消失，钱塘江边的云履尚在目前，

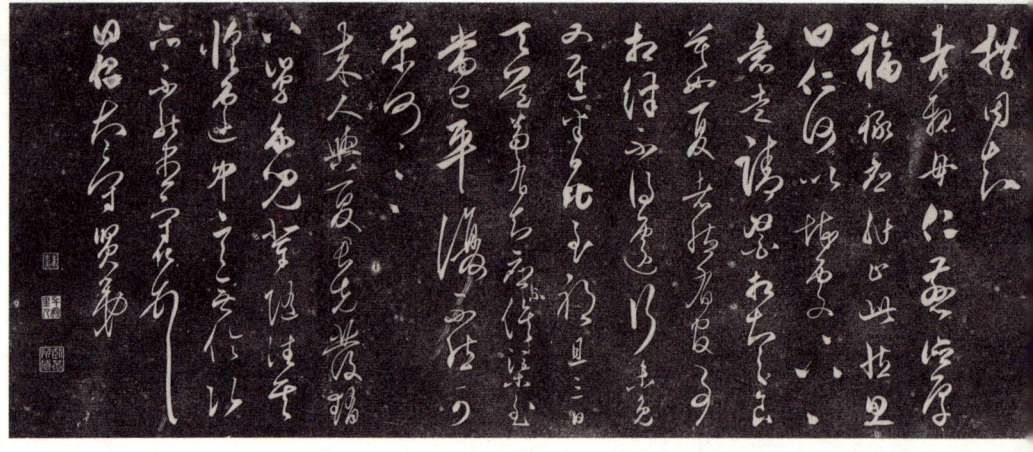

王阳明《与日仁书帖》

这些用来演戏的道具此刻竟成了回归的阻碍。要知道，八月十五的钱江潮断不会无端怜悯一位执意寻死之人。

　　王阳明既已演过一出戏，也就不在意再多演一出。既然无法给出合理的解释，那就用荒诞怪说来掩人耳目吧。王阳明实不愧为优秀的编剧，他又一次开始了故事创作，并写下了《游海诗》若干首。故事中，王阳明说自己为钱塘江巡江使者所救，受龙王之邀，至龙宫欢饮。及出，迷路山野，投宿古寺不得，后因误宿虎穴不伤而被古寺僧人邀进寺中，以为"非常人也"。王阳明还说自己于古寺内遇到了二十年前在江西铁柱宫所见到的道士。据阳明所记，道士容貌俨然如昨，且其早知阳明要来，并有一诗相赠。诗曰："二十年前已识君，今来消息我先闻。君将性命轻毫发，谁把纲常重一分？寰海已知夸令德，皇天终不丧斯文。英雄自古多磨折，好拂青萍建大勋。"在王阳明的剧本里，他正是因为受到这首诗的感化，尤其是受到"英雄自古多磨折，好拂青萍建大勋"这两句诗的激励，才毅然决然回归的。为了增加故事的可信度，他又一次伪造了证据，说自己读诗后心有所感，题壁于寺内，写下了"险夷原不滞胸中，何异浮云过太空。

夜静海涛三万里，月明飞锡下天风"这首绝句。

一切准备妥当，王阳明将《游海诗》分寄诸弟子后，开始了优哉游哉的北归之路。每至一地，他必有题诗，且内容均涉及自己投江未死之神奇经历。故而，在他的精心编排与自导自演下，阳明还未至杭州，他的此次奇幻之旅就已被传得沸沸扬扬。回来后，王阳明还不忘向心腹弟子陆相口授游海一事，命其作传，成《阳明山人浮海传》一文。《游海诗》及《阳明山人浮海传》经阳明弟子广泛传播，不仅解释了阳明投江不死的原因，还为王阳明添上了一抹神秘的色彩。当然，王阳明此举逃不过刘瑾的眼睛。当这玄之又玄的故事传至京师后，刘瑾明白，这是王阳明的遁逃之辞。于是，刘瑾矫诏罢免了王华南京吏部尚书之职。这倒是王阳明所未料到的。

王阳明就这样，倏忽间往来福建，以一出精彩的"投江奇遇记"，完成了自己由退隐到入仕的心路历程之转变。归来后的王阳明，已打定主意，远赴龙场驿。王阳明没有想到，在龙场驿，他将超越陈白沙的心学，由"默坐澄心"悟入，转向邵雍、陆九渊，进一步形成自己的心学体系。在龙场驿，王阳明将建立"以心为本体、以知行合一为工夫的心学本体工夫论体系"。

王阳明与杭州

王阳明一生至少三次在杭州居住。第一次是弘治十六年（1503）三月至九月，因咳血乞假回乡而于钱塘习禅养疴；第二次就是此次投江南遁前，赴谪经钱塘，借口养病而居留杭州，时间在正德二年（1507）三月至八月；第三次是正德十四年（1519）十月初，平定宸濠之乱后上奏乞留杭州养病，待了约半月后因迎驾南都而离开。

王阳明为何前后三次都选择杭州作为他的养病之所呢？一则因为杭州离他的家乡余姚不远，可常会亲友，常听乡音；二则由于杭州乃东南佛国，清幽雅静，颇合其心性，且杭州风景秀丽，"天下之言名胜者无过焉"；三则杭州作为浙江省会，为乡试大比之地，其间往来学子甚多，问学之风颇盛，是理想的传道之所。

王阳明甚爱西湖山水，居杭期间留下了很多和西湖相关的诗文。他甚至对自己选择了隐遁武夷山而未选择隐遁天真山而感到遗憾，久久不能释怀。直至二十年后故地重游，王阳明还发出"吾二十年前游此，久念不及，悔未一登而去"的感慨。嘉靖六年（1527），五十六岁的王阳明受命总制两广军务，平定叛乱。途经衢州西安县，在钱塘江上游，在与诸弟子分别时，他还以"天真石泉秀，新有鹿门期"一句表达了隐居天真山的想法。

其实，王阳明心中一直有个愿望，那就是希望能够于杭州择一湖海交会之地卜筑以居，希望能够"目前常见浩荡"，以终其余年。故在得知弟子钱德洪、王畿打算于杭州天真山上建造书院以供自己卜居讲学之用后，王阳明显得十分欣喜，他寄诗赞曰："不踏天真路，依稀二十年。石门深竹径，苍峡泻云泉。泮壁环胥海，龟畴见宋田。文明原有象，卜筑岂无缘？"可见，杭州的湖光山色，始终萦绕于阳明心怀。

正德二年（1507），王阳明投江南遁归来后赴龙场驿，可这出戏的轰动效应并未马上褪去，反而有愈演愈烈之势。自此，王阳明的名气越发大了，慕名而来"瞻仰阳明遗迹"之人也越发多了。而随着阳明龙场悟道后王学思想的崛起，杭州甚至逐渐成为阳明思想学说传播的重镇，进一步引发了杭州书院的勃兴。如阳明弟子万潮在掌管万松书院时期，就曾增修书院，大力推广阳明学说；

阳明弟子王畿、邹守益等，也常于万松书院举行讲会，与诸士子共述阳明之旨而昌明之。阳明死后，更有王门高足钱德洪、王畿、薛侃、王臣、董沄、欧阳德等，于天真山上建成天真精舍，于每年春秋两季举行祭拜阳明与讲会活动，"期间书院集会者达数百人，讲诵咏歌之声，昕夕不辍"。天真精舍因万历年间的"诏毁天下书院"而被废毁，然王学的传播并未停止，等到政策松动，又有王门后学于废基上复建勋贤祠，以作祭祀讲学之用。后杭州又改吴山书院为虎林书院，继续弘扬王学。

王阳明心学之路的转折点虽在贵州龙场驿，可其心学思想传播的核心区域，仍在浙江、安徽、江西一带。而明代杭州所建的书院，几乎都与阳明有关："自武宗朝，王新建以良知之学行江浙两广间，而罗念庵、唐荆川诸公继之，于是东南景附，书院顿盛，虽世宗力禁而终不能止。"（沈德符《万历野获编》卷二十四）

圣果寺一别，王阳明终究没能实现自己隐居杭州天真山的愿望。嘉靖七年（1528）九月，王阳明广州平乱后返乡，在途经南安青龙铺时因病而亡。离开广州前，他曾上"乞骸骨疏"，希望能够就医养病。可惜，他再也无法养疴杭城，观湖望海，一见湖光山色之秀了。

参考文献

1.《明实录》,据北平图书馆红格抄本微卷影印。

2.〔明〕吴之鲸:《武林梵志》,杭州出版社,2006年。

3.束景南:《王阳明年谱长编》,上海古籍出版社,2017年。

4.束景南:《阳明大传:"心"的救赎之路》,复旦大学出版社,2020年。

5.钱明:《王阳明与杭州》,《杭州研究》2009年第2期。

6.〔明〕冯梦龙:《王阳明出身靖乱录》,日本弘毅馆刊本。

第六章

抗言高论宗王学，以经解经尚事功

思　乡

　　清康熙二十五年（1686）春，翰林院检讨毛奇龄送好友洪昇出京。临别之际，他以诗送别，将洪昇的《天涯泪》曲子化用入诗，咏出了"天涯原有泪，不用洒离群"之句。

　　毛奇龄望着这位比自己小二十多岁的戏曲家远去的背影，心中颇为伤感。洪昇的《天涯泪》，乃思亲之作，其此行，便是回钱塘故里省觐。

　　洪昇一去，顿时勾起了毛奇龄的思乡之情。

　　毛奇龄，本名甡，字大可，又字齐于，号初晴、秋晴、晚晴、春庄等，以郡望西河，故人称西河先生，浙江萧山县（今杭州市萧山区）人。

　　萧山虽属绍兴府，然与钱塘只一江之隔。洪昇归乡，自然也将毛奇龄的一颗心引到了故乡。可洪昇尚有父母尊长可以探望，自己又能去探望谁呢？六十余岁的老迈之躯，使得毛奇龄在伤感之余，更添一分凄凉。父母亡故不说，连伯兄毛万龄、仲兄毛锡龄也分别于康熙十九年（1680）、康熙二十一年（1682）相继离世了。

毛奇龄很久没有回过故乡了。

自康熙十八年（1679）被授翰林院检讨，充明史馆纂修官以来，毛奇龄已客居京师八年。康熙十七年（1678），朝廷诏征博学鸿儒，"凡有学行兼优、文词卓越之人，不论已仕、未仕，在京三品以上及科、道官，在外督、抚、布、按，各举所知"。毛奇龄在浙江巡抚陈秉直、分巡宁绍台道许弘勋、福建布政使吴兴祚的联名举荐下，三辞博学鸿儒之召而未获允，不得不赴京师应试。奔走四方、"裁得还里"的毛奇龄，怀着且怖且愧的心情，踏上了北上之路。

其实，从"学问渊通、文藻瑰丽"的角度来看，毛奇龄完全用不着"且怖且愧"。他少有文名，其文章被陈子龙称为"才子之文"；后选诗作文，广泛交游，结交吴伟业、尤侗、徐乾学、朱彝尊等诗人、学者，名满江南，其于张新标曲江园酒后所作的《明河篇》，一夜传遍淮上；他在吉安白鹭洲书院讲学论《诗》，多有创见，成《白鹭洲主客说诗》一卷；他授徒萧山，收女弟子，一时传为佳话。五十六岁的毛奇龄，刊有《越郡诗选》《濑中集》《桂枝集》《当楼集》《西河文选》《兼本杂录》《丹檎杂编》《鸿路堂诗抄》等作品，其创作已极具规模与影响，可以说，是当之无愧的"文词卓越之人"，有"浙东三毛，文中三豪"之誉。

当然，倘若我们了解了毛奇龄的人生经历，或许就可以理解他为何"且怖且愧"了。毛奇龄在《与赵明府书》中说："四十之年，瓜剖而尽，十年幼稚，十年困诎，十年甲兵，十年奔走。"作为前朝遗民，毛奇龄曾在明亡之后哭学宫三日，继而匿身于城南山土室中读书。清

毛奇龄

军南下后，毛奇龄投身于抗清之"西陵军"，后因言获罪，四处奔逃。而其"负才纵横，好臧否人物"的性格又为他广树仇敌，以致被褫夺学籍。他被诬杀人，遭官府追捕，不得已化名王彦，流亡他乡，后在好友的帮助下，与仇敌化解仇怨，方得以回乡。五十六岁的毛奇龄，正因为他的遗民身份与经历而心怀惴惴。况且，一旦进京，毛奇龄担心自己又不知何时才能够得闻乡音、再见桑梓了。

六十四岁的毛奇龄迫切地想要回到故乡。京师并没有什么值得他留恋的了。

当年同中博学鸿词科的老友或死或黜或假归，已散去大半。八年来，毛奇龄渐渐明白了朝廷征召他们这些遗民士人的用意。谕令上说召博学鸿儒是为了"振起文运，阐发经史，润色词章，以备顾问著作之选"，乃揽才之举，实则是为了笼络人心，巩固统治。"鸿博之试，诸生布衣入选者，未几皆降黜，或假归。始则招之唯恐不来，继则挥之唯恐不去矣。"毛奇龄知道，京师已不是久居之地。他的遗民情结在不停地催促他早日南下，而好友尤侗、方象瑛、冯溥的致仕归里，施闰章、陈维崧的邃归道山，爱妾张曼殊的溘然长逝，又加速了他回乡的进程。

康熙二十四年（1685）冬，毛奇龄以迁葬父母的名义援例乞假在籍，准备归隐，然"值言官以修《明史》未成，阻之甚力"。

毛奇龄在明史馆从事弘治、正德二朝纪传及诸杂传的纂修工作，"先后起草得二百余篇"，颇费心力。修史工作是琐碎的，不仅要搜集大量史料，还得详细考订。"今则史馆稠杂，除入直外，日就有书人家，怀饼就抄，又无力雇书史代劳，东涂西窃，每分传一人，必几许掇拾，几许考核，而后乃运斤削墨，侥幸成文。"修史应当秉笔直书，不可捏造，"千秋信史，所贵核实，故曰不遗善，不讳恶。又曰劝善惩恶，比之赏罚"。然而，因是修前朝之史，难免会有忌讳。面对修史过程中"文字常伏危机，吹毛动成大戾"、众多史料"弃则失真，著恐触忌"的忌讳之难，毛奇龄感到很痛苦。尤让毛奇龄感到气愤的是，他与同为纂修官的张烈在《明史》是否该立《道学传》这一问题上意见龃龉，在对王阳明该入何传这一问题上看法不一，《明史》总裁在听了两人的争辩后，竟并未完全采纳他的建议。闹心的史馆生活似乎成为毛奇龄急于离京的又一缘由。

王学护法

毛奇龄与张烈均认为《明史》不应立《道学传》，然所持论据却截然不同。张烈认为，"《宋史》有《道学传》，唯《宋史》宜有之。周程绍先圣之绝绪，朱子集诸儒之大成，以'道学'立传，宜也"，而有明一代，无人堪立《道学传》者。他觉得"光芒横肆如阳明者，假孔孟以文禅宗，借权谋以标道德，破坏程朱之规矩，蹂躏圣贤之门庭"，不配入《道学传》。而毛奇龄却认为，"道学者，道家之学也"，乃异学，根本不应立传。在毛奇龄眼中，圣学非道学。他在《辨圣学非道学文》中称："圣以道为学，而学进于道。然不名'道学'。凡'道学'两字，六经皆分见之，即或并见，亦只称'学道'，而不称'道学'。"张烈所推崇的周敦颐、程颐、程颢、朱熹等人，在毛奇龄看来，不过是继承了华山道士陈抟所倡的"太极河洛诸教"的道学传人，而非圣学传人；程朱之学，也不过是"援道教于儒书之间"的道士学而已。毛奇龄反复强调，唯有阳明学，才是儒学，才是圣学。

毛奇龄与张烈的分歧背后，是程朱理学与陆王心学间的交锋。因此，毛奇龄与张烈的争辩，也被后人称为"理学与心学的最后争辩"。然而，这场争辩的结果却并不让毛奇龄感到满意。他在《辨圣学非道学文》中写道：

> 向在史馆，同馆官张烈倡言"阳明非道学"，而予颇争之。谓"道学"异学，不宜有阳明，然阳明故儒也。时徐司寇闻予言，问："道学是异学，何耶？"予告之。徐大惊，急语其弟监修公暨史馆总裁，削'道学'名，敕《明史》不立《道学传》，只立《儒林传》，而以阳明隶勋爵，出《儒林》外。

虽然《明史》不立《道学传》而改立《儒林传》，

但王阳明并未被列入《儒林传》。徐乾学、徐元文听从了张烈的建议——"阳明宜立何传？曰：功在社稷，子孙世封，列之《功臣传》宜也"，将王阳明列入了《勋臣传》。这显然不是毛奇龄所能接受的。康熙二十四年（1685），张烈去世，其攻讦王阳明的《王学质疑》由陆陇其刊行于世。面对书中张烈对陆王之学的痛斥，毛奇龄如鲠在喉，可又无法与死人再一争长短。而徐氏兄弟的态度从某种程度上来说也代表了朝廷的态度，将王阳明列入《勋臣传》，也就意味着王阳明的学派领袖身份是不被官方所认可的。毛奇龄甚觉无助："众皆唯唯，独予不谓然。然而不能挽也。"憋屈的纂修生活让他越发想要离开京城。

毛奇龄是坚定的王学倡导者。有清一代，萧山县与余姚县同属绍兴府。王阳明是余姚人。作为同乡的毛奇龄，因身处心学发源地，于青年时代便不可避免地受到了阳明心学的熏陶。"先是，江东旧俗多立王文成讲堂，而山阴刘忠端继之，会讲不辍。"毛奇龄还清楚地记得自己于证人社听蕺山先生刘宗周讲陆王心学时的场景。

明崇祯四年（1631），刘宗周、陶奭龄等人在绍兴府成立名为"证人社"的讲会组织，用以宣扬心学。他们希望通过讲会活动来正人心，进而改变世风，重整社会秩序。可惜，证人讲会因明亡及刘宗周的去世而罢讲，直至康熙六年（1667），才由黄宗羲、张奠夫、徐泽蕴、赵禹功等蕺山弟子复兴于古小学。

朝廷的"尊朱贬王"让毛奇龄心内愤愤。既然于史馆内鲜有同道中人，那么不如走出史馆，走向江湖，回到阳明学的发源地去寻找自己的同道。康熙二十五年（1686），六十四岁的毛奇龄再次想到了故乡举办证人讲会时的盛况：康熙七年（1668），他携弟子前往山阴

毛奇龄山水画

县参加证人之会，与黄宗羲、黄宗炎、蒋大鸿、张奠夫、徐泽蕴、赵禹功等学者会于古小学，共倡王学。他在讲会上"抗言高论，出入百子，融贯诸儒"，与一众王学大师讲论心性，何等痛快，何等风光！正是由于这次证人讲会，毛奇龄成为众多学者心目中的王学护法。直到讲会之后三十年，仍有邵廷采因难忘毛奇龄于讲会上的风采而欲拜入其门下："采时虽无所识知，已私心仪而目注之""先生负当代之望，为名教之主，推崇阳明，排斥异议，后进之士倚一言为太山、北斗。采也不才，忝为同里子弟，向慕越三十载，未一进谒左右，其为鄙陋也甚矣。无所私请，不欲托于不知我者之言引重，辄自怀刺，伏叩门下求见。守寓待命。"

洪昇的船缓缓而去。京杭大运河的另一端，就是钱塘；越过钱塘江，便至萧山。毛奇龄仿佛已经望见了钱塘江奔涌的潮水，看到了湘湖平静的湖面。他多么想和洪昇一道，沿运河而下，回到那个叫城厢镇的地方。

毛奇龄不想再等了。

康熙二十五年（1686），毛奇龄请急南归。康熙帝怜其孝心，应允了他的告假。

沙河门外，同官纷纷前来送行，站在船头的毛奇龄忽有恍惚之感。同样是离别，感触却是如此不同。从送行之人变为被送之人，毛奇龄由伤感转向了兴奋，唯有在读到好友朱彝尊的"孤生倚知己，衰老感离群"之时，他才略有些不舍。

船行之际，秀水（今浙江嘉兴）人朱彝尊紧握着毛奇龄的双手，噙泪问道："西河此去，几时得回？"

毛奇龄望着老友，苦笑一声，并不答话。他轻轻地捏了捏朱彝尊的手心，缓缓摇了摇头。

其实，朱彝尊心中早就明白，毛奇龄此去，怕是再也不会回来了。正因如此，在祖席赋诗之时，他才赋长律二十四韵，尽述毛奇龄的人生经历，以为赠别。朱彝尊，又何尝没有南归之心呢？

"到及湘莼美，闲看越鸟耘。明笈存笥满，曲米注床醺"，在老友朱彝尊的祝福下，毛奇龄回乡了。

"以经解经"

毛奇龄原本只是请假，而非告老，然其一至家乡，便乞病在籍不复出，再也不愿回京城了。他频繁往来于萧山与杭州间，在忙完迁葬等事后，就僦居杭州，与尤侗、方象瑛、毛际可、沈珩等友人一起，整日游山玩水，唱和论学。

处江湖之远的王学"护法"毛奇龄，终于可以毫无顾忌地站在朱子理学的对立面，对它进行全面挞伐了。

毛奇龄不同于高谈性命之学、束书不观的王学末流，他不仅不废读书，而且对于经学不惜心力，以经学就王学。

毛奇龄成为王学拥趸的重要原因，便是他曾于嵩山受高笠僧人传授古本《大学》三日。古本《大学》甚为王阳明所重，他在《答罗整庵少宰书》中说："《大学》古本乃孔门相传旧本耳。朱子疑其有所脱误，而改正补缉之。在某则谓其本无脱误，悉从其旧而已矣。失在于过信孔子则有之，非故去朱子分章而削其传也。"王阳明并不认可朱熹调整《大学》段落次序以及将《大学》

分为经、传两个部分的行为，主张删除朱熹增补的文字，以恢复《大学》古本。而《大学》的版本问题，也成为阳明学与朱子学争辩的焦点。

皮锡瑞《经学历史》曰："宋人不信注疏，驯至疑经，疑经不已，遂至改经、删经、移易经文以就己说。"毛奇龄抓住程朱理学"改经、删经、移经以就己说"的弊病，提出了"凡解经者，当以经解经"的注经方法。"毛奇龄经学取径，便似有得于阳明《大学》古本之教，扫去汉、宋儒者纷繁之解说，以经解经。"

毛奇龄在《经义考序》中批判宋儒"第先立一义，而使诸经之为说者悉以就义，合则是，不合则非"的解经方式，提出解经"必以经解经，而不自为说"。毛奇龄认为："苟说经，而坐与经忤，则虽合汉、唐、宋诸儒，并为其说，而予所不许。是必以此经质彼经而两无可解，夫然后旁及儒说。"他制定了以经解经的十六条标准，即"勿杜撰，勿武断，勿误作解说，勿误章句，勿误说人伦序，勿因经误以误经，勿自误误经，勿因人之误以误经，勿改经以误经，勿诬经，勿借经，勿自造经，勿以误解经之故而复回护以害经，勿依违附经，勿自执一理以绳经，勿说一经碍一经"。他反对"以传解经"，否定朱熹改本的《大学》，认为朱熹对《大学》的补传是多余的，是"改经"行为。他甚至将朱熹的改经行为视为"秦火"，后患无穷，他在《大学征文》中说："万一后儒继起，复如程朱者三人，而六经之存已为仅事。即不幸而莽、歆当时恃其权力，以借口于儒者之恒事，乃大肆其志，必自快其无忌惮之私而后已，则秦人之火岂在多乎？"

毛奇龄站在王学立场上，以经学为切入口，找到了批判朱子的最佳路径。毛奇龄作《四书改错》对朱熹的

《四书章句集注》进行批驳，他以"傲睨之气，纵横之辨"放言直斥，将朱熹此书批得一无是处："四书无一不错：……然且日读四书，日读四书注，而就其注义作八比，又无一不错。人错，天类错，地类错，物类错，官师错，朝庙错，邑里错，宫室错，器用错，衣服错，饮食错，井田错，学校错，郊社错，禘尝错，丧祭错，礼乐错，刑政错，典制错，故事错，记述错，章节错，句读错，引书错，据书错，改经错，改注错，添补经文错，自造典礼错，小诂大诂错，抄变词例错，贬抑圣门错，真所谓聚九州四海之铁铸不成此错矣。"毛奇龄之言，可谓振聋发聩。"朱注四书，自南宋以来五百年，元、明两朝，奉为取士之准，晚明以来学者虽有述朱、述王之异，然未有大张旗鼓以肆攻击如西河此书之烈也。"

当然，毛奇龄的"以经解经"不仅是对朱子的批驳，同时，也是对王学的修正。我们不能脱离毛奇龄的王学立场来探讨他的经学主张，同样，我们也不能完全站在王学立场来对毛奇龄的经学主张做一简单的归结。

晚明学风衰颓，王学后进蹈虚空谈，渐渐脱离了王学事功的一面。毛奇龄的王学，是修正了的王学，发展了的王学。"以经解经"，从某种程度上来说，是毛奇龄对明朝中叶以来受王学末流影响所形成的空言说经的学术氛围的修正，亦是毛奇龄对明末清初学风由空转实的回应。

"以经解经"是建立在注经"必借实据"的基础上的。八年史馆生涯，使得毛奇龄养成了"引史必出之有据"的习惯，反映在治经上，便是"论经须有实据"。而这个"实据"，指的便是经书本身。在毛奇龄眼中，经书是绝对可靠的，故其说经，"大抵以本经文为主，不杂儒说。其本经文有未明者则始援他经，或以彼经证此经，或以十经证一经，凡一切儒说，皆置勿问，至于经证未备，则必于本经文前后审剂絜量，通瀹其大意，使两下券契不失毫黍，然后划然而出之"。这种以诸经为宗的注经方式，即"以经解经"。

而要做到"以经解经"，就不得不博通群经。谁能博通群经呢？据《复章泰占质经问书》可知，在毛奇龄心中，"自汉迄今，惟西汉有孔安国、刘向，东汉有郑玄，魏有王肃，晋有杜预，唐有贾公彦、孔颖达合七人"可称得上博通群经，"而他如赵岐、包咸、何休、范宁之徒，皆无与焉。即或博综典籍，胸有筐箧，如吴之韦昭，晋之郭璞，唐之李善、颜师古，宋之马端临、王应麟辈，并于经学无所预。降此而元明，则响绝矣"。毛奇龄认为，"能通一经者而称为儒，博通群经而称大儒"，历代经说之所以"从来误解者十居其九""从来不解者十居其一"，就是因为缺少博通群经之大儒，以致未能做到"以经解经"。"予之为经，必以经解经，而不自为说。"显然，毛奇龄是将自己归入大儒行列的。

卜居钱塘的毛奇龄，对自身的经学成就极为自负，"所作《经问》，指名攻驳者，惟顾炎武、阎若璩、胡渭三人。以三人博学重望，足以攻击，而余子以下不足齿录"。他自署楹联，上书："千秋经术留天地，万里蛮荒识姓名。"

通经致用

康熙四十年（1701）三月，老友朱彝尊的过访让毛奇龄喜出望外，他立马邀了洪昇前来，三人共游西湖。

彼时的洪昇，因于康熙二十八年（1689）皇后忌日上演《长生殿》而被革去太学生籍并驱逐出京，久困故乡；而朱彝尊，亦于康熙三十一年（1692）罢官南还，常年闲游。

泛舟湖上的毛奇龄满心欢喜。近古稀之年，仍能时时得会旧友，如何不欢喜？舟行至白堤，毛奇龄忽地想到康熙三十四年（1695）自己医痹杭州时曾于此湖滨偶遇洪昇之事，便打趣道："昉思，可还记得昔年你我于此相遇之情景？彼时，你方天命，头发胡子俱还茂盛，如今不过六七年工夫，竟大白、稀疏了不少。"

洪昇听罢微微笑道："怎会忘记，那时我正为《长生殿》的付刻而奔波，若非巧遇先生，如何能得《长生殿院本序》？说来还得感谢先生赐序呢！"

朱彝尊听说此处还有赐序一事，忙搭言道："毛西河，你既已赐过一回序了，那就好事成双，也在此处，应了我的《经义考》序言吧。我们是'西湖二老'，我集文章，你来作序，岂不是又成一桩美谈？"

原来，朱彝尊罢官归里后，时常至杭州探望毛奇龄。两人因经常相携游西湖而被称为"西湖二老"。两年前，朱彝尊撰成了《经义考》一书，书内收有毛奇龄《仲氏易》《推易始末》《易韵》《古文尚书冤词》《诗札》《大学证文》《春秋传》等十七种经学著作。而他此次过访，便是希望毛奇龄能为自己的《经义考》写一篇序言。

毛奇龄听完哈哈大笑，脸上难免露出得色："承蒙你朱竹垞看得起我，我又怎敢拒绝？恭敬不如从命！"

毛奇龄爽朗的笑声自白堤直蹿上宝石山，引得莺啼鸟啭，平添几分春光。

朱彝尊心情大好，抬眼望山，心中一动，手指保俶塔，道："西河、昉思，你二人均久居钱塘，可知此塔来历？此塔为何又名唤'宝叔'？"

洪昇道："此塔一谓僧永保建塔，人以师叔称之，'保''宝'声误；一谓钱王俶入觐，民建塔保之，呼'保俶'，'俶''叔'声误。我虽是钱塘人，久听人言及此塔，却也不甚了了。"

毛奇龄接口道："此皆无据之言。考是塔甚古。《郡国志》云宝石山上有七层宝塔，王僧孺称其巧绝人工，则其来旧矣。是塔以山得名，'宝叔'者，'宝石'之误。盖山本多石，有巾石、甑石、落星石、缆船石，旧名山足曰'石塔头'是也。"

朱彝尊一听，暗自点头。自己的这两位好友，真乃当世之学者大家也。尤其是毛奇龄，学问渊博，声震寰宇，不仅李塨、邵廷采等饱学之士均拜入其门下，连琉球使者在得知他闲居杭州后，也特意前来拜谒，并以兼金购买其著作。尤为难得的是，毛奇龄学以致用，关注现实。他针对杭城多火灾的现象，经过实地调查，撰写了城市防火指南《杭州治火议》。据说，他在《杭州治火议》中所提出的几条防火措施已被官府采纳。朱彝尊发现，自己的这位老友，不仅致力于学问，也致力于解决百姓所面临的实际生活问题。

朱彝尊望着船头颇为自得的毛奇龄，心生感佩。

其实，在清初学风由虚转实的风潮中，毛奇龄之所以倡导"以经解经"的治经方式，就是为了强调学者要通经致用。通经致用包括"内圣""外王"两个方面。内圣成德，外王经世，王学末流因片面强调"内圣"而流于空疏，从而使"外王"的事功之学消失殆尽。毛奇龄意识到了事功之学的重要性，他将王学"知行合一"中的"以知代行"发展为"即知即行"，认为"知贵乎行，儒者空讲理学，有知无行"，强调"行"的重要性。

他开始致力于社会问题的解决。《杭州治火议》就是毛奇龄为解决社会问题所进行的尝试。

毛奇龄确实应该感到自得。他不仅积极参与杭州城的建设（《杭州治火议》中有"木屋改砖屋"等一系列有关城市消防的建议），还极为留心家乡的水利事业，关注民生。当他得知有乡绅在湘湖擅筑私堤、筑塘围田后，立马写下了《请毁私筑湖堤揭子》《湘湖私筑跨水横塘补议》等文投送萧山县衙，并附上《检举词》，成功地制止了劣绅的不法行为。他应省衙之请，撰写了《湘湖水利永禁私筑勒石记》，以护湘湖，以助百姓。此外，他还写有《湘湖水利志》三卷，用以记录历代关于湘湖的沿革条约、逸闻趣事、禁罚旧例。在《湘湖水利志》中，毛奇龄"详细记述了宋代规定的湖水界限，受益配水的范围，蓄水、护岸、放水等设施，水量调节制度，维护管理的成规和运营情况，同时叙述了从南宋到清康熙二十八年为止因私占、投献、水旱、盗漏而发生的重要事件的始末及其结果"，另附有周边湖泊及水利设施，为湘湖的治理提供了重要的史料依据。

毛奇龄是一位颇具争议的人物。他因诋毁朱子而遭人痛愤，因好驳辨而受人嫌恶；也因推崇王学而被奉为名教之主，因"以经解经"而被尊为汉学开山。厌恶他的人说他"肆意讥弹，譬如秦、楚之无道"，喜欢他的人则说他"以经学自任，大声疾呼，而一时之实学顿起"。不可否认的是，毛奇龄确实在明末清初学风由虚转实的形成过程中起到了积极的作用。若非毛奇龄等人振衰起弊，汉学恐不得大盛。且毛奇龄著述宏富，同时期的学者几乎无人可匹。"门人蒋枢编辑遗集，分经集、文集二部：经集自《仲氏易》以下，凡五十种；文集合诗、赋、序及他杂著，凡二百三十四卷。著述之富，甲于近代。"《清史稿》称他"淹贯群书，所自负者在经学"，是合适的。

康熙五十五年（1716），毛奇龄卒，享年九十三岁。

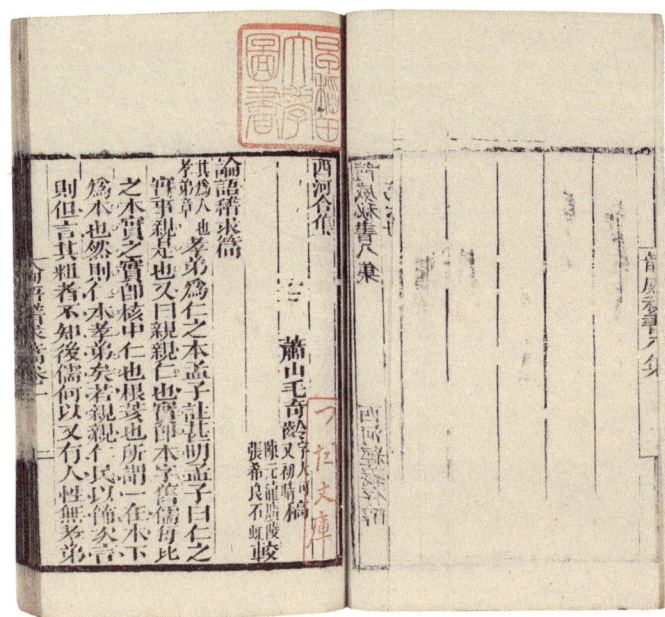

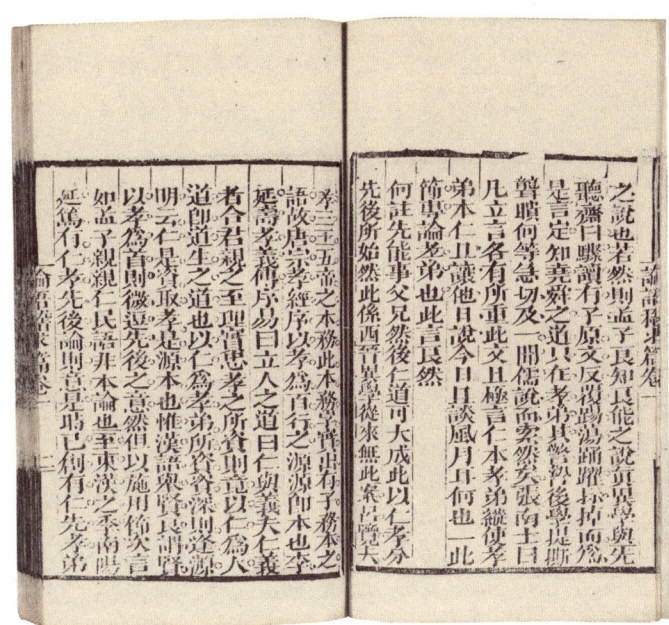

《西河合集》书影

参考文献

1. 《清史稿》，中华书局，1977年。
2. 〔明〕王守仁著，吴光等编校：《王阳明全集》，上海古籍出版社，1992年。
3. 〔清〕毛奇龄：《毛西河先生全集》，萧山陆凝瑞堂藏版。
4. 〔清〕毛奇龄：《大学证文》，中华书局，1991年。
5. 〔清〕毛奇龄：《西河文集》，商务印书馆，1937年。
6. 〔清〕陈康琪：《郎潜纪闻初笔》，中华书局，1984年。
7. 〔清〕施闰章：《施愚山集》，黄山书社，2014年。
8. 〔清〕邵廷采：《思复堂文集》，浙江古籍出版社，1987年。
9. 〔清〕皮锡瑞：《经学历史》，商务印书馆，1928年。
10. 〔清〕张烈：《王学质疑》，与《郝雪海先生笔记》合集，商务印书馆，1939年。
11. 邓之诚：《清诗纪事初编》，上海古籍出版社，2013年。
12. 王茂、蒋国宝、余秉颐、陶清：《清代哲学》，安徽人民出版社，1992年。
13. 於梅舫：《从王学护法到汉学开山——毛奇龄学说形象递变与近代学术演进》，《中山大学学报》2014年第1期。
14. 杨向奎：《清儒学案新编》，齐鲁书社，1994年。
15. 钱穆：《中国近三百年学术史》，商务印书馆，1997年。

第七章

文坛风骚主，闺阁弟子班

湖楼雅会

雨下得又密了一些。从宝石山庄望出去，正瞧见春雨中的西湖。都说"晴西湖不如雨西湖"，远山如黛，近水含烟，雷峰塔若隐若现，湖上几星舟子，岸旁数排嫩柳，春雨中的西湖，确如画一般。

可惜孙云凤的心思完全不在这雨西湖上。不然，以她的才情，必将咏出几首和雨西湖相关的诗歌来。如今，即便窗外雨飞檐角，院落桃花，处处莺啼燕语，也无法引起她的注意了。

孙云凤已经在窗前来回走动了许久。她有些兴奋，又有些局促，坐立不安。

她边走边感谢这场春雨。因为这场春雨，今天，她才有机会在自家的宝石山庄，效仿古人兰亭修禊、金谷雅集，举办一场湖楼诗会。当然，她并不是诗会的主角，她之所以兴奋且局促，是因为此次诗会是由寓居于宝石山庄的诗坛盟主袁枚发起的。

袁枚，字子才，号简斋，晚号随园老人，浙江钱塘县人。袁枚早岁蜚声，英年著绩，壮年辞官，晚岁壮游，以诗、文名于世，有《小仓山房诗集》《小仓山房文集》《小仓山房尺牍》《随园诗话》《子不语》《随园食单》等著作行于世。袁枚之诗文，"上自朝廷公卿，下至市井负贩，皆知贵重之"。凡有至江南之士人，莫不造访随园，投以诗文，以期得到袁枚的指点。

袁枚之盛名使得孙云凤越发重视此次诗会。一心筹备诗会的她，自然便冷落了窗外的雨西湖。来回走动的孙云凤，已经派家中下人，持着袁枚及自己的名帖，往杭城各处延请闺中的诸位诗友了。作为宝石山庄的主人，孙云凤既是组织者，又是参与者。她刚于一年前拜入袁枚门下，有幸成为这位"一代骚坛主"的女弟子。

孙云凤，字碧梧，其曾祖孙陈典曾与袁枚同赴己酉科试。孙家与袁家乃世交。

在孙云凤眼中，袁枚有炼金点石之才、启聩发蒙之能。她和她的妹妹孙云鹤，因见袁枚《留别杭州故人四首》而心生仰慕，一心学诗，愿入门墙。孙云凤曾以《和随园太史留别西湖元韵四首》寄与袁枚求教，内有"安得讲筵为弟子，名山随处执吟鞭"之句以示拜师之心，并附札道："得冒丹砂，云凤虽为一时之幸；混收鱼目，先生恐低千古之名。且崔、汪二夫人，久已联珠合璧，安敢杂以粃糠？而闺阁诸女伴，亦有碎玉遗金，何堪并收瓦砾？云凤得蒙清训，已列门墙。忝在弟子之班，妄窃诗人之号。自顾弥增惭汗，问世益觉厚颜。务祈先生，即加针砭，附便掷远，万勿灾诸梨枣，徒滋贻笑方家。"袁枚面对通家子弟的热忱，欣然应允，回诗一首曰："密字珍珠远寄将，簪花标格粉花香。早钦道蕴名家女，敢屈班昭弟子行。四世交情存白发，千秋衣钵有红妆。伏

袁枚

生自笑衰颓甚,还想传经到故乡。"甚至连孙氏姐妹的父亲孙嘉乐,也因慕袁枚之才而一度想归于其门下,在《上随园先生书》中发出"区区数十年景仰之诚,愿厕门墙,先生其许我否耶"的请求。

正当孙云凤焦急地等待着前来与会的女弟子时,袁枚正优哉游哉地赏着雨西湖。

袁枚已经七十五岁了。他虽是土生土长的杭州人,可也极少有时间饱览西湖。青壮年时期宦游南北,晚来又久居南京随园,虽也数次返乡,可袁枚终究鲜有于湖上大饱眼福的机会。他特地游西湖,还要追溯到十一年前的乾隆四十四年(1779)携两岁幼子阿迟返乡祭祖的时候。故而袁枚自己都说:"我本西湖人,久离西湖土。"他也曾不无遗憾地发出"西湖还欠几行诗"的感叹。

袁枚此次返乡，是为了扫墓，因与孙家又添了一层师徒关系，便寓居于孙氏宝石山庄。

乾隆五十五年（1790）四月十三日清晨，袁枚因雨而未能至杨家牌楼上坟，思量无事，便有了招女弟子湖楼作诗会的想法。此番回杭，袁枚与孙云凤、孙云鹤姐妹过往甚密，颇得见闺中女子的诗情与热情。"从游两个女云仙，得信呼车拜塌前"，除了孙氏姐妹，袁枚也想见一见杭州闺阁中的其他有才德者。故而，由孙云凤代劳，持符召客，为袁枚去请一众女弟子。

有清一代，江浙成为全国经济最发达的地区。经济的繁荣促进了文化的昌炽，江浙一带遂逐渐成为人文渊薮、文学重镇。大批文人雅士不断聚集于此，文士结社之风亦大为盛行。文士以诗会友，将诗社活动变成了重要的交际活动。正是在这样浓郁的文化氛围下，世家大族开始重视女子的闺阁教育。他们教授女子经史子集、琴棋书画，希望将女性培养成风神秀慧、姿容婉仪的才女名媛，以配文士才子。这些名门闺秀，幼承庭训，有父兄为之提倡，及为才士之妻，闺房唱和，又有夫婿为之点缀，其诗歌创作，极易成就。且其诗歌经由父兄、夫婿之手，渐渐走入各大诗社，为文士所见、所重。更有甚者，随着父兄、夫婿一道，也成了诗社成员。这些闺阁女子，在其诗作得到文士的关注及肯定后，也产生了自觉为诗的自信。她们虽然仍囿于传统封建礼法观念的窠臼，却也有了于夹缝中喊出个性解放的勇气。她们也和男子一样，开始结社作诗，也生出了欲使自己的作品流芳百世的强烈意愿，如杭州就出现了蕉园诗社等颇具影响力的女子诗社。

袁枚是诗坛盟主，其于当时，可谓闺中女子的偶像，"妇竖知名，所到四方，裙钗引领"。"其文名之盛，实足以奔走天下。不惟执经问字之姝,仰承其风采;即大江南北,名闺淑媛,亦莫不得其一言为荣。"当杭城的名媛听说袁枚有请时,自然蜂拥而至。

星娥月姊在门墙

窗外风雨有声,烟波无际;屋内高朋满座,盛况空前。"不栉进士,竞传击钵之诗;扫眉才人,各逞解围之辩。或真珠密字,写王母之灵飞;或吐绿攒朱,画仲姬之花竹。"(孙云凤《宝石山庄送简斋夫子还山诗序》)一众女弟子诗画并举,各逞才能,令人眼花缭乱,应接不暇。孙云凤忙得不亦乐乎。她一面要尽地主之谊,招待好闺中诗友;一面又得抠衣负笈,登堂问字。

袁枚很开心。他多饮了几杯酒,红光满面。今日湖楼诗会,有孙云凤、孙云鹤、张秉彝、徐裕馨、汪姗等十三人前来以诗受业。袁枚尽管也谦虚地认为:"人之患,在好为人师。为他人之师尚不敢,况为才女之师乎?"然"伏生老去,正想传经;刘尹衰颓,与谁共话",他也想学萧山毛西河,晚年得遇如徐昭华一样的西河女弟子,成就一段随园女弟子的佳话。萧山毛奇龄,世称西河先生,暮年归乡后收有女弟子徐昭华。毛奇龄常于其传是斋中为徐昭华讲解诗文,且于其《西河集》后附刻徐昭华诗,使得这位女弟子名满士林。"西河女弟子"也逐渐成为文人笔下的一个象征。但凡言及女弟子,必提及毛西河与徐昭华。七十五岁的袁枚,想延续这段文坛佳话,更有取而代之的野心。如今杭城能诗闺秀悉至宝石山庄请业,当然令他不胜欢喜。袁枚不无得意地吟起了诗:"红妆也爱鲁灵光,问字争来宝石庄。压倒三千桃李树,星娥月姊在门墙。"

袁枚自乾隆七年(1742)外放江南县令时开始广收

诗弟子，随后一发不可收，弟子越收越多，渐渐形成了"随园弟子半天下"的诗坛盛况。按随园弟子孙原湘的说法："吴中诗教五十年来凡三变。乾隆三十年以前，归愚宗伯主盟坛坫，其时专尚格律，取清理温雅近大历十子者为多。自小仓山房出而专主性灵，以能道俗情、善言名理为胜，而风格一变矣……"归愚即沈德潜。袁枚针对沈德潜的复古格调说，提出了主性情、尊个性、尚诗才的性灵说。随后，性灵说迅速占领诗坛，袁枚遂成"一代骚坛主"。舒位在《乾嘉诗坛点将录》中，将袁枚比作及时雨宋江，说"其雨及时，不择地而施，或膏泽之沾儒，或滂沱而怨咨"，列为诗坛三大都统领之一。

所谓"随园弟子半天下，提笔人人讲性情"，可袁枚的这些诗弟子，只是扩大了性灵派的声势，并未有特别突出的影响，无法成为性灵派的主力。袁枚受刘勰《文心雕龙》影响，认为诗歌的创作主体必须具有真情、个性、诗才三方面要素。[①]性灵，即"性情"与"灵机"相合。在袁枚眼中，"凡诗之传者，都是性灵"。袁枚因个人喜好及性灵说发展的实际需求，渐渐将目光对准了闺阁才女。

有清一代，尽管江浙地区女子作诗已颇成风气，可传统的封建礼教观念仍然束缚着广大女子创作的手脚。"女子无才便是德"的论断依旧具有深远的影响。受时代限制，女子作诗，无法做到"歌诗合为事而作"。她们创作的诗歌，大都以抒发真性情、反映个人审美趣味为主，鲜有掉书袋、追求形式格调的作品。而这恰恰符合袁枚性灵说的主张。不拟古，少用典，能用通俗的语言来表达自己的个性与情感，这些扫眉才子的出现使袁枚感到兴奋，他故作矜持，实则迫不及待地想将她们收入自己的门墙。他想通过收女弟子这样的方式，鼓励女子作诗，同时推动性灵说的发展。为此，袁枚以诗坛盟

[①] 取王英志《清人诗论研究》中的说法。

主的身份一再为女子作诗创造条件，他直言"俗称女子不宜为诗，陋哉言乎！圣人以《关雎》《葛覃》《卷耳》，冠《三百篇》之首，皆女子之诗"，认为"《三百篇》半是劳人思妇率意言情之事"。袁枚还语出惊人，为了倡导女子作诗，有"有妇人女子，村氓浅学，偶有一二句，虽李、杜复生，必为低首者"之论断。

从个人喜好来说，袁枚从不避讳自己"好色"。然而，袁枚的好色并非是好淫，而是对女子的一种天生的亲近。这种对女子天生的亲近若要寻个源头，恐怕要从袁枚的人生经历说起。袁枚自幼受教于姑母，其父亲游幕四方，很少见面，家中又多姊妹，可以说，他的幼年和青少年时期，完全是与祖母、母亲、姑母以及众姊妹一起度过的。他晚年回忆自己的儿时生活，还牢牢记着"我年八岁祖母犹抱卧怀中，沈姑母教之读书识字，料理起居服食"的情形。他成年后用以干谒的文章《郭巨埋儿论》，也是在姑母的指导下完成的。而袁家四女三寡的不幸遭遇又让袁枚对女性充满了同情。所以，他对女子始终持有特殊的情感。袁枚的"好色"还体现在他喜欢看美女上，并且总爱品评所见女子容貌之优劣。无论是大家闺阃还是风尘中人，他从不吝啬自己的评语。故而，他收女弟子也情有可原。值得注意的是，袁枚收女弟子是于其晚年，一如他自己所说："汉廷夏侯胜，宫中延为师。以其年笃老，瓜李无嫌疑。我亦大耋年，传经到女士。"袁枚哪怕再"好色"，也须等到年迈而无嫌时方敢收徒。

袁枚的得意是有道理的。"压倒三千桃李树，星娥月姊在门墙"，"星娥月姊"一方面壮大了性灵派的实力，另一方面也满足了袁枚"好色"的欲望。且经此一会，坊间又多出一段文坛佳话，岂不美哉！

湖楼送别

袁枚是有野心的。他已经通过立言确立了自己一代宗师的地位，继而又想通过收女弟子来成就自己"风流才子"的美名。女弟子湖楼请业这样的雅会正是可供后人谈论的文坛韵事。袁枚不仅想让后人记住自己的诗文，也想让后人记住自己的雅事。

望着一众女弟子，袁枚是得意的。他毫不掩饰自己的情绪：论诗赏画间，流露出赞赏；觥筹交错时，洋溢着喜悦。

除了袁枚，与会众人中还有一人颇为自得，那就是孙云凤。今日的活动举办得极为成功，宾主相得甚欢，作为湖楼雅会的策划者，她确实值得骄傲。孙云凤心内高兴，想到："夫太史有采风之职，而《周南》多女子之诗；此夏侯所以传授经义于宫中，东坡所以遇名媛于海上也。今日诗会，不正如此吗？"可想着想着，孙云凤就有些伤感了：胜地不常，盛筵难再，今日一过，宝石山庄就又变得冷冷清清了，如何让人经受得住？孙云凤知道，再过几日，袁枚就要离开杭州回随园去了。她有些不舍。几日的相处，使得孙云凤在对这位老人多了几分了解的同时，又添了几分敬重。孙云凤忽地想到几日前抵牾老师的场景，脸上不觉一红。原来，袁枚每日在孙家饮食，发现饭米粗粝而价格甚昂，知道是孙家奴仆在捣鬼。而彼时恰有人给他送来白粲若干，于是，他就将这优质白米转送了孙家，意在提醒孙云凤，勿受家仆哄骗。袁枚本是好意，无奈孙云凤错理会了，以为袁枚以米傲之，故坚辞不受，还颇为生气地附了短札，上写"来意已悉"四字。袁枚殊觉扫兴，即于其札尾题诗一首，道："一囊脱粟远相贻，此意分明粟也知。底事坚辞违长者？闺中竟有女原思！"原思曾拒孔子赠米，

111

袁枚以孙云凤比原思，一则希望她受米，二则希望她明白赠米之意。孙云凤收札，读毕恍然大悟，深觉后悔，立马寄《贺新凉》一词以自讼云："傍晚书来速，道原思、抗违夫子，公然辞粟。已负先生周急章，敢又书中相渎。况贽礼、未修一束。我是门墙迂弟子，觉囊中、所赐非常禄。不敢受，劳往复。　寸笺自悔忽忽肃，或其间、措辞下笔，思之未熟。本借湖山供笑傲，何翻多怒触？披读处、难胜踧踖。无赖是毫端，今以前愆，仍付毫端赎。容与否？望批覆！"袁枚用意深远，孙云凤诚惶诚恐，一场赠米风波，等误会消除，反而使得师徒二人的交流越发频繁起来。

孙云凤望着一脸得色的袁枚，心中忽地涌出一个主意来：既然简斋夫子不日就要启程，自己和这些姐妹们何不趁着今天这个机会为其送行呢？

念头甫一起便越想越觉得可行，孙云凤立即采取行动，如穿花蝴蝶般在众女弟子间来回穿梭，或低头耳语，或纸笔传意，决定携闺阁姐妹们一道以诗为袁枚送行。

孙云凤鼓动妹妹孙云鹤率先呈诗。但见孙云鹤捧过写好的笺纸，款款而行，至袁枚面前施礼道："请先生过目。"袁枚略一欠身，见乃是一首赠别诗："才向西湖来，又别西湖去。置酒湖上楼，搜索闺中句。遂令负笈人，也逐吹竽数。极目渺绿波，持杯对春树。冥冥暮雨时，青青芳草路。掉首归仓山，扁舟入烟雾。"袁枚心下感动，正要开口，只见孙云凤同着众人一起围拢过来，纷纷呈上诗作。不消说，她们定是和云鹤一般，为送别而来。袁枚一一接过纸笺，果然，均为送己还山之作。"计此日一卮别酒，饯湖边小住之楼；待明年千里扬帆，寻江上重来之路。"众弟子不仅表达了离别之不舍，更表达了再会之企盼。

袁枚本是性情中人，一见此番光景，忍不住落下几滴泪来。原本热闹欢愉的湖楼，经此一举，不免安静了下来。女子本就是容易落泪的。她们一见袁枚掉眼泪，竟也一个个不能自已，眼泪扑簌簌地偷落下来。

袁枚感动，是因为宝石山庄内的这些女弟子，不仅诗作得好，且处处透着真情。"凡作诗，写景易，言情难。何也？景从外来，目之所触，留心便得；情从心出，非有一种芬芳悱恻之怀，便不能哀感顽艳。"女弟子的诗，就令袁枚感受到了这种真情。袁枚收诗弟子，不仅重视弟子的才、学、识，更在意弟子们能否抒发真性情。"诗则三者（才、学、识）宜兼，而尤贵以情韵将之。""情"之一字，可谓性灵说的核心。

春雨再密，也总有止歇的时候；湖楼再热闹，也总有人去楼空的时候。唯有这份师徒间的情感，任阴晴雨雪、春秋变换，始终常在，存于每个人心中。然而，人总是要抛去这一身皮囊的，如何长久地留住这段美好时光以供后人艳羡呢？袁枚决定，请人画下今日的湖楼雅集，并集女弟子诗歌为《随园女弟子诗选》，使之流布四方。

佳话在钱塘

湖楼送别诗使袁枚意识到，必须为此次宝石山庄雅集留下点纪念，如此方不辜负良辰、美景、才女、乐事。金谷雅集以《金谷集》与《金谷诗序》而成为后代雅集的范本；兰亭雅集因《兰亭集》和《兰亭集序》而为后人所推崇备至；自己参与的湖楼雅集，自然也要如前贤般集诗作序，流芳后世，以传为美谈。

于是，袁枚旋属尤诏、汪恭二人为湖楼雅集写图布景，自己则于图后一一为女弟子志姓名。一幅初具规模、名为《十三女弟子湖楼请业图》的画作便这样诞生了。之所以说初具规模，是因为画作无法当天完成，且袁枚还将根据需求随时进行修补。

离开杭州后，袁枚一直致力于该画的修补工作。《十三女弟子湖楼请业图》在写实的基础上，又增加了艺术虚构。据袁枚之题跋，可知当日与会的女子共有十四人："其在柳下，姊妹偕行者，湖楼主人孙令宜臬使之二女云凤、云鹤也。正坐抚琴者，乙卯经魁孙原湘之妻席佩兰也。其旁侧坐者，相国徐文穆公之女孙裕馨也。手折兰者，皖江巡抚汪又新之女缵祖也。执笔题芭蕉者，汪秋御明经之女妽也。稚女倚其肩而立者，吴江李宁人臬使之外孙女严蕊珠也。凭几拈毫若有所思者，松江廖古檀明府之女云锦也。把卷对坐者，太仓孝子金珊之室张玉珍也。隅坐于几旁者，虞山屈婉仙也。倚竹而立者，蒋少司农戟门公之女孙心宝也。执团扇者，姓金名逸字纤纤，吴下陈竹士秀才之妻也。持竿钓而山遮其身者，京江鲍雅堂郎中之妹，名之蕙，字芷香，张可斋诗人之室也。十三人外，侍老人侧而携其儿者，吾家侄妇戴兰英也。"可是，这显然与实际不符，如张秉彝就未出现在《请业图》中，而席佩兰这位于乾隆五十九年（1794）方初识袁枚的女弟子却被画入了该图。袁枚在兼顾自身喜好与画作效果的同时，有意对参与湖楼雅会的女弟子进行了增删。

袁枚甚至为了画作的视觉效果，刻意改变了当日的天气情况。因雨囿于宝石山庄的女弟子当然没有在西湖明媚春色映衬下的女弟子来得可人。金谷雅集、兰亭雅集，无不是于天朗气清之日、清泉茂林之所；湖楼雅集，当然也须于湖光山色之中、群莺乱飞之时。女弟子们弄柳抚琴、折兰题蕉、拈毫把卷、倚竹执扇，在融融春光中，在远山近水的衬托下，必然更显出一分灵动与秀雅。唯有如此，"燕钗蝉鬓，傍花随柳，问业于前，而子才白须红焐,流盼旁观,悠然自得"(《蒲褐山房诗话新编》)的场景,才更增人一分艳羡。

袁枚花了六七年时间才将《十三女弟子湖楼请业图》修订完成,足见其对此事之重视。而此次湖楼雅集,不仅催生了《十三女弟子湖楼请业图》,还引发了乾隆五十七年(1792)第二次湖楼诗会的举办以及《随园女弟子诗选》的付梓。

乾隆五十七年春,袁枚壮游天台后返杭,在忙完扫墓、祭祖等一系列事情后,他主动招女弟子再会于湖楼。女弟子潘素心的长诗《湖楼即事呈随园夫子》完整地记录了此次湖楼雅集的经过:"欲话台州胜,西湖折简忙。传经来绣阁,设帐指山庄。葛岭楼台丽,苏堤草木香。开窗延塔影,对镜动溪光。网岂珊瑚设,筵还玳瑁张。案头贻纸笔(先生制闺秀吟诗纸、笔、墨分贻),花外奏笙簧。云母先生座,金钗弟子行。词宗新染翰,郡伯远携筐。(王梦楼探花书扇,明太守赠筵)白璧清谁似?(太守贻玉如意、端砚等物)红裙礼未将。天当桐叶闰,人岂竹林狂?(诗会闺秀十五人,来者七人)画舫玻璃嵌,轻簪翡翠装。逍遥孤屿外,容与断桥旁。(太守坐船至湖庄,肩舆而归,留与吾辈游湖。时已午后,仅沿北山一路)陋质输班女,惊才次宋娘。(先生论诗以孙碧梧为首,以素心为次)虽非科第贵,也得姓名彰。江上朝通信,城隅夜泛航。诗文资讨论,岩壑其徜徉。(素心闻先生会稽书,告家父连夜拏舟往访)同是经纶手(先生与家父吏治,皆民所感),宁惟翰墨场。偶然留雅集,遽尔理行囊。去矣真鸿爪,来兮感鬓霜。(素心请再来之日,先生指鬓)秣陵园圃好,天堑道途长。大隐成中隐,他乡作故乡。鲜花红万朵,奇树碧千章。泉响玲珑石,山遮屈曲房。序如盘谷李,图似辋川王。人瑞征家国,文名重庙廊。吏民为里党(先生官于江宁,家于江宁),

大家问学 HANG ZHOU

〔清〕尤诏、〔清〕汪恭《十三女弟子湖楼请业图》

第七章 文坛风骚主，闺阁弟子班

妇女在门墙。敢谓才而福（先生序素心诗稿，有'福与慧兼'等语），欣觇寿且康。老来双足健，雨后一帆凉。送别凭圆月，催归带夕阳。千秋传韵事，佳话在钱塘。"

因有了为女弟子集诗的想法，故此次湖楼雅会，袁枚尽可能多地收集了一众女弟子的诗作。湖楼再会，分韵赋诗，酬唱如前。而探花王梦楼书扇、杭州太守明保赠物，又为诗会增色不少。尤其是明保明希哲，不仅遣人送华筵二席、玉如意七枝，还携姬妾梧桐、袖香、月心为诗会助兴。梧桐能琴，袖香会诗，皆才女也。明保甚至留下了他所用的玻璃画船、绣褥珠帘，以作群美游湖之用。此日与会，计有女弟子孙云凤、孙云鹤、曹次卿、骆绮兰、钱林、潘素心、王玉如七人，均有诗作呈上。如被袁枚誉为"扫眉才子两琼枝"之一的孙云凤，在分韵赋诗时就写下了《随园先生再游天台归招集湖楼送别分得归字》一诗："先生矍铄世应稀，又向湖楼设讲帷。乡井几回扶杖到，天台两度看山归。羲之虚席推前辈（王梦楼年伯呼先生为前辈），坡老留船泛夕晖（时泛明太守画船）。更指林峦约来岁，桂花风里好抠衣。"因故未与会的女弟子，也均有诗作寄奉。

二次湖楼诗会后，袁枚再一次修订了他的《十三女弟子湖楼请业图》；而其《随园女弟子诗选》，也终于有了着落，只需随时填补完善即可。

两次湖楼雅集，使袁枚和随园女弟子继毛奇龄和西河女弟子之后，成为文坛美谈，即所谓的"千秋传韵事，佳话在钱塘"。袁枚，也终于借此实现了他的心愿，赢得了风流美名。

袁枚广收女弟子，一方面成就了"异时传诵满骚坛"的佳话，另一方面，却也招来了"引诱良家子女"的讥讽。

如章学诚就以道学家的面孔攻击袁枚："近有倾邪小人，专以纤佻浮薄诗词倡道末俗，造言饰事，隐误少年，蛊惑闺壸，自知罪不容诛，而曲引古说，文其奸邪。"他还在《丙辰札记》中言："近有无耻妄人，以风流自命，蛊惑士女，大率以优伶杂剧、所演才子佳人惑人。大江以南，名门大家闺秀，多为所诱，征诗刻稿，标榜声名，无复男女之嫌，殆忘其身之雌矣。此等闺娃，妇学不修，岂有真才可取？而为邪人播弄，浸成风俗，人心世道，大可忧也。"

袁枚收女弟子，在章学诚看来，是违背传统道德伦理的，是违背"男女之大防"的礼教观念的。章学诚是程朱理学的推崇者，自然看不惯袁枚所提倡的性灵说。然而，倘若我们跳出时代的困囿，以一个现代人的眼光去审视袁枚的言行，便会发现，他的思想，远超他所属的时代。

面对指摘，袁枚自己也不以为意，甚至颇引以为豪，常自夸道："以诗受业随园者，方外缁流，青衣红粉，无所不备。"

袁枚不尚程朱理学，也不慕以考据为治学方法的汉学，独独喜欢"文学"。他曾明确表明自己的学术主张："郑、孔门前不掉头，程、朱席上懒勾留。一帆直渡东沂水，文学班中访子游。"以郑玄、孔颖达为源头的汉学和以二程、朱熹为代表的理学都不能使袁枚倾心。他批评汉学以琐屑为功，"笺注之说多附会"；批评理学的"存天理，灭人欲"，提出"人欲当处，即是天理"。袁枚用他的性灵说，扛起了反传统的大旗。

随园女弟子的出现，无疑是和袁枚超卓的识见息息相关的。正是在袁枚的努力下，清代女性文学得到了迅

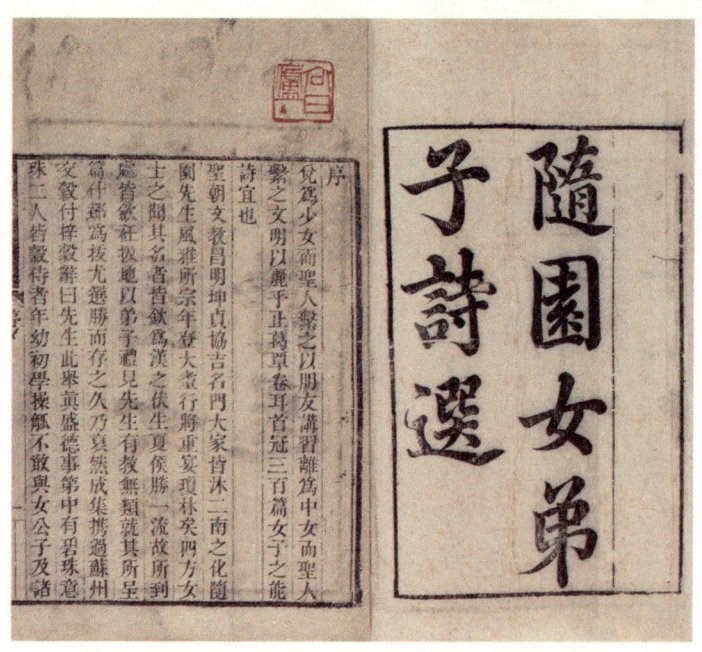

《随园女弟子诗选》书影

速发展,进而达到极盛。《清代妇女文学史》云:"有清乾嘉之际,妇女文坛之稍露头角者,莫不与随园有直接或间接之关系。"女性文学圈,也主要形成于袁枚活动的江浙一带。袁枚"以诗存人""以画存人",用《随园女弟子诗选》和《十三女弟子湖楼请业图》,让我们直观地看到了乾嘉时期有才学、有个性的江浙女子的风采。

受袁枚影响,杭州诗人陈文述亦爱收女弟子。陈文述尊袁枚为山斗,仿照《随园女弟子诗选》编成《碧城仙馆女弟子诗》,为杭州闺阁女子的诗歌创作张目。而另一位被称为"天下善言文章之情者"的杭州诗人龚自珍,则汲取了袁枚性灵说中的相关主张,提出了诗应"陶写性灵"的观点。

嘉庆二年十一月十七日(1798年1月3日),袁枚去世。如他所愿，《随园女弟子诗选》和他的其他著作一起风行海内外。而随园女弟子也和袁枚本人一道，名越海邦。"近借仓山居士诗，性情与我似相期。笔奇原当迎凉草，读遍自珍消夏资。纵缺名娃称弟子，犹夸群彦辱相知。他年八十如同寿，又宴此楼飞酒卮。"日本诗人中岛松隐此诗，或是对袁枚最好的告慰。

参考文献

1.〔清〕袁枚著，王英志主编：《袁枚全集》，江苏古籍出版社，1993年。

2.〔清〕王昶：《蒲褐山房诗话新编》，周维德校点，人民文学出版社，2011年。

3.〔清〕章学诚著，仓修良编注：《文史通义新编新注》，商务印书馆，2017年。

4.〔清〕章学诚：《章学诚遗书》，文物出版社，1985年。

5. 梁乙真：《清代妇女文学史》，山西人民出版社，2015年。

6.《清代诗文汇编》编撰委员会编：《清代诗文集汇编》，上海古籍出版社，2010年。

7. 沈云龙主编：《乾嘉诗坛点将录》，文海出版社，1974年。

8. 王英志：《清人诗论研究》，江苏教育出版社，1986年。

9. 王英志：《袁枚评传》，南京大学出版社，2002年。

第八章 释诂明旧业,抡才勖新知

第一楼雅集

段玉裁望着眼前这位三十七岁的浙江巡抚，即便高傲如他也不得不在心中暗叹一声佩服。这位比他足足小了二十九岁的封疆大吏，"半为将种半书生"，不仅于政事上颇有建树，于文学上，亦功绩卓著。

据段玉裁所知，这位巡抚大人在担任浙江学政的短短三年时间里，便校有《山左金石志》，撰有《小沧浪笔谈》，辑有《两浙金石志》《两浙𬨎轩录》等。其中，《两浙𬨎轩录》得两浙十一郡诗人三千余家，录诗九千多首，乃一部四十卷的皇皇巨著。

段玉裁啜了一口茶。此处名为"第一楼"，是孤山之阳新建之楼。楼东，即巡抚所筑诂经精舍。清嘉庆二年（1797），当时还是学政的巡抚，就是于这孤山之麓集浙江学人三十余人，着手编纂《经籍籑诂》。

《经籍籑诂》一百有六卷，"以字为经，以韵为纬，取汉至唐说经之书八十六种，条分而缕析之"，意在使"读经者有所资焉"，是一部训诂学的工具书。《经籍籑诂》

《经籍籑诂》书影

由武进臧镛堂、臧礼堂任总纂,歙县方起谦、钱塘何元锡任总校,仁和汤燧、宋咸熙为收掌。书历时两年刻成。书成之后,"为学之人皆得此书之助益"。

段玉裁虽然认为《经籍籑诂》"如一屋散钱,未上串",且此书杂出众手,有较多讹舛之处,但也不得不承认"《经籍籑诂》一书甚善,乃学者之邓林也"。他尤其赞同巡抚所说的"经非诂不明,有诂训而后有义理""治经必先通诂训,庶免凿空逃虚之病"之观点。巡抚虽是自己的晚辈，但于学问一道上，恐已不在自己之下。段玉裁自负，可并非无知。今日湖楼上的四人，论学问，自己未必比另外三人高出多少。更何况，席间还有一位长者——歙县程易畴瑶田先生。

第一楼依山面湖，视野开阔，于其上，远可眺群山，近可观堤、湖，而其周边，又有六一泉、圣因寺、林和靖墓及孤山摩崖石刻等景点，实是游玩和休息的绝佳去处。段玉裁此次上楼，是应浙江巡抚阮元之请，前来参观诂经精舍，并商议主持编写《十三经注疏校勘记》之相关事宜的。作陪的，乃阳湖孙渊如星衍。

在座的四人，程瑶田七十六岁，段玉裁六十六岁，孙星衍四十八岁，阮元三十七岁，均为乾嘉时期朴学的重要学者。

段玉裁是首次登上第一楼，略觉得新鲜。他抬眼四望，见第一楼墙壁上有题诗。诗乃前些时日阮元与王昶、孙星衍、林述曾、张鉴等师友、弟子共登此楼时所留。其中，阮元的一首《题西湖第一楼》引起了段玉裁的兴趣。段玉裁张口便吟哦道："高楼何处卧元龙，独倚孤山百尺松。人与峰峦争气象，窗收湖海入心胸。经神谁擅无双誉，阑影当凭第一重。却笑扶风空好士，登梯始见郑司农。"吟罢，说道："中丞好一句'人与峰峦争气象，窗收湖海入心胸'，可谓气吞江湖，豪情满怀啊！"

阮元听罢，忙起身道："先生谬赞，学生狂态，让先生见笑了。"阮元曾师从王念孙问"字"，而王念孙与段玉裁又都是戴震的学生，故阮元以师礼待段玉裁。

段玉裁摆了摆手，道："且不说保境安民，单以学术论，中丞著述不断，编纂不休，才成《经籍纂诂》，又思《十三经注疏校勘记》，励精朴学，功在千秋，正该有此意气风发之态。且老朽方才一观诂经精舍，见生员均两浙俊杰，兼有名师传授，日后必将为国增贤士、添栋梁啊！"

阮元道："小子何敢。此番请诸位先生登楼，一则聆听教诲，二则正想依托各位编写《十三经注疏校勘记》。且精舍初成不久，现只有元与渊如及刑部侍郎青浦王君述庵迭主之，元亦望程、段二先生能拨冗讲学，传道解惑。"

阮元语毕，只见程瑶田缓缓道："中丞美意，本不能拒。然我已是风烛残年，心有余而力不足。此事，还得若膺（段玉裁字）多出力。"

段玉裁见事不可推，勉强应下。

阮元见段玉裁点头，心下欢喜。他知道，段玉裁研摩经籍，甄综百氏，聪可以辨牛铎，舌可以别淄渑，巧可以分风擘流，通古今之训诂，明声读之是非，是当世之硕儒、朴学之大家，为学人所宗。《十三经注疏校勘记》的编纂若得此人助力，必将事半功倍。而精舍生员若能于段氏门下习得一年半载，亦当学力大进。

第一楼本是为精舍生员所筑，既登楼，谈论的话题自然也就离不开诂经精舍了。程瑶田与段玉裁似乎都对精舍极感兴趣，问东问西，喜得阮元与孙星衍不住介绍。

诂经精舍

孤山南麓，浙江巡抚阮元以昔日修《经籍纂诂》之屋五十间，"选两浙诸生学古者，读书其中，题曰'诂经精舍'"。

阮元

诂经精舍是一座书院。"'精舍'者,汉学生徒居所之名;'诂经'者,不忘旧业且勖新知也。"(阮元《西湖诂经精舍记》)从"诂经精舍"这个题名,便可看出阮元的学术取向。一如阮元自己所说:"元少为学,自宋人始,由宋而求唐,求晋、魏,求汉,乃愈得其实。"他尤为重视汉代的训诂学,以为"汉人之诂,去圣贤为尤近",推崇汉学的笃实学风。

阮元,字伯元,号芸台,江苏仪征人。阮元博学淹通,早被知遇,入翰林,任学政,为巡抚,历官所至,必振兴文教。《国朝先正事略》称其"以经术文章主持风会,而其人又必聪明早达,扬历中外,兼享大年,其名位著述足以弁冕群材，其力尤足提唱后学"。《清史稿》评价他为："身历乾、嘉文物鼎盛之时，主持风会数十年，海内学者奉为山斗焉。""山斗"即泰山、北斗之合称，喻指那些学术高深、负有盛望之人。此时三十七岁的阮元，或许还担不得"山斗"的称呼，但他一直在往成为"山斗"这条路上前进着。他有这样的野心，或者说，他有这样的觉悟。

阮元希望通过创办诂经精舍，来改变当时书院"专尚制艺，主讲师长，复以四书文、八韵诗为圭臬"的讲学风气。"学校一正，士习自端，而风会借以主持"，八股文、试帖诗，本就不是文学该有的形式，阮元想从源头上矫正学风之弊。故而诂经精舍甫一建成，阮元就聘请了王昶和孙星衍两位著名学者任主讲，自己则亲任掌教。王昶、孙星衍皆是乾隆年间进士。王昶工诗古文辞，通经，好金石之学，曾主讲太仓娄东书院，又为杭州敷文书院山长；孙星衍精通经、史、文字、音韵之学，擅考证。此外，当年跟随阮元编纂《经籍纂诂》的一批学者也纷纷入诂经精舍讲学。正是因为有了这样强大的师资力量，阮元才有底气进行书院教学的改革；也正是因为有了如此师资，诂经精舍才引得四方学子纷纷负笈来游。当然，诂经精舍并不是茶馆酒肆，随人出入，它自有一套选择生徒的标准。精舍肄业生徒，初定三十二人，唯有十一郡诸生中经学修明、通于一艺者方有资格进入精舍学习；倘若该生为其他书院出类拔萃者，经推荐选拔，亦可入精舍学习。在如此高标准、严要求下，诂经精舍的生徒可谓人人优秀，个个特出。名师遇俊彦，鸿硕育英才，诂经精舍成为当之无愧的高等学府。

当杭州的敷文书院、崇文书院、紫阳书院这三大书院还在讲八股、服务于科举考试的时候，诂经精舍已经从中脱离出来，专以讲授经史考据学与词章之学为主了。

诂经精舍"课士月一番",由阮元、王昶、孙星衍三人轮流命题。孙星衍《诂经精舍题名碑记》云:"评文之主,问以十三经,三史疑义,旁及小学、天部、地理、算法、词章,各听搜讨,书传条对,以观其识,不用扃试糊名之法。暇日聚徒讲议服物、典章,辩难同异,以附古人教学藏修游息之旨。"陆尧春《诂经精舍崇祀许郑两先师记》云:"月试以文,则多碑记论策诸体,未尝杂以时艺,大要以穷经致用,为诸生勖也。"

可见,从教学内容上来看,诂经精舍抛弃了时艺(八股文),转而重视经、史、小学,兼及天部、地理、算法、词章、服物、典章等。教学以经学为主,讲究穷经致用,其课程安排,颇有现代高校将专业课与通识课并重之风。从考课形式上来看,诂经精舍虽也"月试以文",然一改传统的"扃试糊名"法,而采用问答形式。且每试一文,主讲往往先作程作(范文)一篇,供生徒研读;后由学生就程作文题各作文章,阐发见解。评文过后,"简艺之佳者,刊为诂经精舍文集"。

诂经精舍为生徒营造了开放、包容的学习氛围,采用讲授与搜讨相结合的教学方式,培养生徒"藏修游息"的学习态度。在阮元的主持下,诂经精舍渐渐成为有清一代学术研究的重地。一如孙星衍《诂经精舍题名碑记》所言:"上舍之士,多致位通显,入玉堂,进枢密,出则建节而试士,其余登甲科、举成均,牧民有善政,及撰述成一家言者,不可胜数。东南人材之盛,莫与为比。"

许慎木主结衔

段玉裁的眼光,无疑是锐利的。他一见到诂经精舍中所署的楹帖,心中便生出几分亲近来。这副"公羊传经,司马著史;白虎德论,雕龙文心"的对联,乃诂经精舍山长阮元亲笔所书，字体古朴，笔势虬曲苍劲，深得段玉裁之心。

"公羊传经，司马著史"，说的是战国公羊高注《春秋》而成《春秋公羊传》，西汉司马迁为"究天人之际，通古今之变，成一家之言"而著《史记》；"白虎德论"，指的是由班固整理而成的、"讲议五经异同"的《白虎通德论》一书；"雕龙文心"，即《文心雕龙》，为南朝刘勰所著，是清代学者争相评校的文学理论著作。对联的内容涉及经、史、文、论，而这，也正是诂经精舍的生徒所要习得并钻研的。

身为朴学大师的段玉裁，深知阮元用意，也借此得见诂经精舍的办学宗旨。他明白，阮元是想通过创办诂经精舍来为社会培养朴学人才，进而改变当时书院空谈义理、心性之学的不良学风。对此，段玉裁深以为然。

第一楼上觥筹交错，众人仍在侃侃而谈。

段玉裁能预感到，在眼前这位年轻的巡抚的推动下，江浙一带定会掀起一股书院改革的浪潮。而诂经精舍，必定是开风气者。

然而，肯定归肯定，刚才于精舍内的一番游览，仍让段玉裁发现了不妥之处。

诂经精舍内奉有汉代许慎、郑玄两座木主。段玉裁以为不妥的就在这许慎木主上。许慎木主上所刻为"汉洨长太尉南阁祭酒许公"，段玉裁认为："按许氏官盖终于太尉南阁祭酒者，观其子冲进《说文解字》称'故太尉南阁祭酒'，凡言'故'者，皆指最后一官，而言许氏之为洨长，见范氏《后汉书》。盖洨长既罢，后又

为三公掾曹而终。如《独行传》鲁平先为陈留太守,后为博士之比,应书'太尉南阁祭酒前洨长'可也。"(《与阮梁伯书》)

把酒言欢之际,段玉裁将自己的想法告诉了众人。他有些得意,一双老眼直直地望向阮元,毕竟,在座的几人都知道,他是研究《说文解字》的专家。

阮元经段玉裁一望,知道这位老人的自负劲儿又上来了,同时又为老人学识之专所折服。然而,阮元也不怯,他不卑不亢地答道:"先生,木主结衔,实非草率之事。渊如与在东(臧镛堂)及舍内诸生于前些时日进行过探讨,各引证据,各执一说,争论不休,后元综合各家之说,方题'汉洨长太尉南阁祭酒许公'于木主之上。今得先生指出,又得一说,确可斟酌,然改之又当慎重。"

段玉裁满以为阮元会大呼"先生所言甚善,小子即刻改之",不料竟碰了一鼻子灰。他不甘道:"有何争论?不妨说一说。"

阮元道:"既然先生感兴趣,元便将此事始末缘由一一说与先生听。说来这也是精舍中时常发生之事。"

原来,于诂经精舍内供奉郑玄木主是一众生徒共同之愿望,"诸生谓周、秦经训至汉高密郑大司农集其成,请祀于舍"。东汉郑玄遍注儒家经典,自成一家,形成"郑学",于后人眼中,是汉代经学的集大成者。而诂经精舍,又以经学为主要教学内容,因此精舍生徒一致认为,必须刻木主供奉这位"注经"的大家。至于供奉许慎,乃孙星衍的提议。许慎乃《说文解字》的作者。孙星衍以为,非许慎,"则三代文字不传于后世,其有功于经尤重",宜和郑玄并祀之。众人深觉有理,因而也刻了许慎的木主供奉。然而，关于许慎木主结衔，大家却有了争论。

阮元及提议者孙星衍持"汉洨长太尉南阁祭酒许公"说，以"洨长"为大衔，"太尉南阁祭酒"为小衔，谓："太尉官署虽贵，由其自辟除，不及洨长之列朝籍。郑康成注《礼》，称邑宰为贵臣。洨长宜书，兼列太尉祭酒，如今人之书前官可也。"阮元与孙星衍说得很清楚，许慎"太尉南阁祭酒"之职虽贵，但是是太尉自行辟除的，比不得列于在朝官吏名册的"洨长"一职。所以，他们依照"今人书前官"的惯例，认为称"汉洨长太尉南阁祭酒许公"是合适的。

阮元、孙星衍的观点一出，就遭到了臧镛堂的反对。臧镛堂，字在东，曾助阮元编校、刊刻《经籍纂诂》，亦是经学名家。臧镛堂彼时受阮元之请，正于杭州主持《经籍纂诂》的订补工作。他以为："太尉南阁祭酒为太尉府高第，非素有德行志节者不得充是选"，尊于洨长，且许慎"先辟太尉南阁祭酒，后迁洨长，以笃疾未行，遂卒于家"，故其木主应称"汉故太尉南阁祭酒汝南许君"。臧镛堂所据，乃许慎之子许冲于《上书进〈说文〉》中"臣父，故太尉南阁祭酒慎"之说，以及许慎于《说文》中"汉太尉祭酒许慎记"之自称。臧镛堂结合《汉官旧仪》《续汉百官志》等记载，以《后汉书》的《周泽传》《陈元传》《马援传》《蔡邕传》中众人的辟除情况为旁证，认为许慎先辟太尉南阁祭酒，后迁洨长，可未赴任便卒于家中。故木主所刻，理应为"汉故太尉南阁祭酒汝南许君"。

臧镛堂虽言之凿凿，然亦不能服众。诂经精舍生徒兼讲学、《经籍纂诂》编校者洪颐煊、洪震煊兄弟，就针对臧镛堂的论断提出了不同的观点。洪氏兄弟以《后汉书·儒林传·许慎》中"为郡功曹，举孝廉，再迁除洨长，卒于家"为切入口，用"汉制，令、长尊，孝廉不能直除"这一事实，利用臧镛堂用以佐证观点的材料，得出许慎是由孝廉而任太尉南阁祭酒、由太尉南阁祭酒而迁洨长的结论。既然是次第升迁，则洨长尊于太尉祭酒，那么，"太尉南阁祭酒"六字就可删去，仅称"汉洨长许公"即可。

争论最终以阮元、孙星衍赞同洪氏兄弟之说结束。阮、孙二人均认为，题洨长而不题太尉南阁祭酒是可行的，然综合考虑，似乎仍以兼及两者的"汉洨长太尉南阁祭酒许公"一说更妥帖。

通儒之学

阮元娓娓道来，甚至将众人争论时的表情都描摹了出来。段玉裁则听得入了神，每至谈到众人是如何搜集证据来论证自己观点时，就两眼放光，频频点头。段玉裁总算明白了，为何阮元不说"即刻改之"了。

孙星衍见叙谈渐入佳境，阮元、段玉裁都兴致颇高，程瑶田则听得津津有味，适时补充道："许叔重木主结衔已定，星衍便和精舍生徒一起请于中丞，涓吉日，恭立两先师栗主。祭祀那日，絜牲醴，具菜果，甚是热闹，引得渔船、画舫纷纷聚拢，官绅、学人慕名而来。中丞率诸生拜于堂下，至诚且肃。此事轰动一时，传为佳话。有生徒有感于当日盛况，还作诗记事，以为留念。"

程瑶田微"哦"一声，道："渊如可还记得此诗？如有印象，可誊出一观，也好叫我等一见当日之盛况。"

孙星衍道："未曾记，不过该生恰在精舍内，可让其当面呈上。"

阮元于一旁答道："渊如不必麻烦，元亦曾得观此诗，颇有印象。"阮元也不作态，当即备下笔墨，写道："中丞妙稽古，湖滨敞台榭。诸生竞劝学，诵春而弦夏。《诗》《书》既聿陈，俎豆欣荐藉。南阁祭酒君，《说文》光长夜。司农百世师，群经头牛射。两者家法同，研求类噉蔗。"

三人各自诵读，心中却都存了同一个想法：中丞倡经术于两浙，实乃此邦学子之幸。

阮元写罢，道："此诗是争论许慎木主结衔的洪颐煊所作。祭祀当日，元曾作《西湖诂经精舍记》一文，以为程作。精舍诸生徒，如陆尧春、钱福林、邵保初、陶定山等，亦都有拟作，题为《诂经精舍崇祀许郑两先师记》。"

段玉裁早就收起了心中的不满与傲气，甚至还流露出一丝羞赧，心想："如此学风，不出十年，诂经精舍定将人才辈出，盛极东南。"

阮元见段玉裁神情微变，心中也不由得生出一股豪气。诂经精舍不仅仅是传道授业解惑的书院学堂，更是质疑、争论、不断进行思想碰撞的学术重地。他看向段玉裁，说道："先生，世有陋儒之学，有通儒之学。何为陋儒之学？守一先生之言不能变通，而下焉者，则惟习词章、攻八比之是务，此陋儒之学也。何为通儒之学？笃信好古，实事求是，汇通前圣微言大义而涉其藩篱，此通儒之学也。要想成为通儒，便要有'当仁不让于师'的态度及勇气。诂经精舍中没有绝对的权威，可人人皆能成权威。元虽不才，亦想以精舍为起点，造就通儒，旨在为国家培养通经致用的人才。"

"好一个通儒！好一句'当仁不让于师'！中丞志存

高远而脚踏实地，着实让人佩服。"段玉裁望着意气风发的巡抚，越发理解墙上那句"人与峰峦争气象，窗收湖海入心胸"的题诗。

阮元道："元虽有心，但若无诸位支持，事恐难成。先生乃训诂、考据大家，于经、史、小学等各方面均卓有建树，此次编纂《十三经注疏校勘记》，还望先生尽其力，总其成。"

话已至此，段玉裁欣然应允。他也想抖一抖老精神，亲自玉成其事。

阮元的通儒之说似是针对经学而言，然其涵盖面，却不仅仅局限于狭义的经学。经学，指的是儒家经典以及对这些经典的阐释、研究。它其实是一门未分化的学问，其内包含许多诸如天文、地理、兵法、算数、农业等方面的知识。诂经精舍以培养经学人才为主，生徒要想成为通儒，不仅要研经治史，更要把经学中的知识应用到各个领域中去。阮元在担任浙江学政期间，就编纂过一部影响甚大、介绍中外历代著名自然科学家的《畴人传》。阮元在《畴人传》序中说："综算氏之大名，纪步天之正轨，质之艺林，以谂来学。俾知术数之妙，穷幽极微，足以纲纪群伦，经纬天地，乃儒流实事求是之学，非方技苟且干禄之具。"可见，他早就对科学有了深刻的认识，深知其乃"儒流实事求是之学"。于是，在培养通儒的道路上，阮元同样重视这些科目的设置与探究，并且，他本人在这些方面也颇有造诣。如他就将精通天文算法的洪颐煊、洪震煊兄弟请入诂经精舍，且在精舍内开展涉及天文历法、算数、地理等方面内容的研讨。诂经精舍的师生在阮元的倡导下，写下了如《〈夏小正〉昏旦星说》《古人用推步之法说》《礼长至日非冬至解》《磬折说》《算法借徵论》《〈禹贡〉北过降水至于大陆考》

阮元陈列室

《浙江即岷江非渐江考》《炮考》等一系列文章。

阮元心中有个梦：终有一天，诂经精舍将出现大批通儒，他们将走向各地，主持一地风会，一改社会弊端，成为国之栋梁。

第一楼上的雅会虽好，可终究要结束。阮元和孙星衍送走程瑶田、段玉裁后，又逛了逛精舍，但见生徒或苦攻典籍，或凭几问学，甚是欣慰。孙星衍有诗记此次第一楼雅会，诗曰："神仙同上李膺舟，为我登临屏八驺。积雨中间晴一日，平湖宽处坐层楼。汉唐绝业千秋定，吴越才人四座收。旷代知音数巡酒，临岐争忍不淹留。"

诂经精舍不仅培养了大批通儒，更借这批学生传播了阮元的办学理念，弘扬了精舍的优良学风，进而促进了嘉庆以来的书院教学改革。受诂经精舍影响，各地纷纷效仿办学，上海诂经精舍、江阴南菁书院等书院如雨后春笋般不断出现。而同为杭州四大书院的崇文书院、敷文书院、紫阳书院，更是直接受惠。诂经精舍不仅与其共享教师，更是直接从其内挑选优秀的学生入读精舍，有时，连教学活动都一同展开。如嘉庆六年（1801），王昶课精舍诸生西湖柳枝词，敷文、崇文、紫阳三书院诸生争相应和，后经阮元评阅，选而刊之，得诗三百余首。

诂经精舍，是清代书院发展过程中的转折点，正是由它开始，书院教学不再专注于八股文，而是转而重视致用之学。而清末新式学堂的出现，或多或少也带有诂经精舍影响的痕迹。今天的浙江大学，其前身为求是书院。而求是书院，正是建立在诂经精舍、敷文书院、崇文书院、紫阳书院等书院基础上的。可以说，倘若没有诂经精舍，或许就没有今日拥有求是学风的浙江大学。

嘉庆十四年（1809），执掌了诂经精舍八年的阮元，因卷入当年浙江学政刘凤诰恩科舞弊案而被革去浙江巡抚之职。他有些失落，他再也无法和精舍内的生徒讲学论道、共倡汉学了。八年时间，的确如阮元所愿，诂经精舍为社会输送了大量人才。"不上十年，上舍士致身通显及撰述成一家言者，不可殚数，东南人才称极盛焉。"然而，也因阮元的离开，诂经精舍辍讲近二十年，后屡经毁建，直至俞樾的出现，方又重现昔日荣光。光绪三十年（1904），诂经精舍停办，这所历经百余年的书院终究还是没能逃脱历史车轮的碾压。

所幸的是，精舍虽不在，然其治学精神尚存。

参考文献

1.《续修四库全书》。

2.《清史稿》,中华书局,1977年。

2.〔清〕阮元订:《诂经精舍文集》,中华书局,1985年。

3.〔清〕李元度:《国朝先正事略》,岳麓书社,1991年。

5.〔清〕黄以周:《南菁讲舍文集》,光绪己丑年(1889)刻本。

6.〔清〕段玉裁:《经韵楼集》,钟敬华校点,上海古籍出版社,2008年。

7.〔清〕阮元:《畴人传》,商务印书馆,1935年。

8.〔清〕孙星衍:《芳茂山人诗录》,商务印书馆,1937年。

9.〔清〕阮元:《揅经室文集》,中华书局,1993年。

10. 王章涛:《阮元年谱》,黄山书社,2003年。

11. 陈东辉:《阮元与诂经精舍》,《浙江学刊》1991年第4期。

12. 张立:《杭州诂经精舍的科学教育》,《浙江大学学报》2005年第5期。

第九章

三百年来第一流,但开风气不为师

观　潮

家住钱塘四百春，匪将门阀傲江滨。
一州典故闲征遍，撰杖观涛得几人？
（八月十八日侍家大人观潮）

　　　　　　——《己亥杂诗》第一五六首

　　龚自珍已经在候潮门外的观潮楼上立了许久了。久等不来的钱江潮让这位已有十多年未登此楼观潮的杭州人逐渐失去了耐性。他偷眼瞧了瞧身旁的家大人龚丽正，只见这位从江南苏松太兵备道任上解甲归田的七十三岁老人，正拄着拐杖，目视前方，岿然不动。一看老父亲尚且如此，龚自珍不得不压下心头的躁动，耐着性子等待钱塘江大潮的到来。

　　候潮门外的人越聚越多。自候潮门外往闸口方向，沿江十里，车马纷纷，尽是观潮人。今天是八月十八，乃潮神生日，潮怒胜于常时，故百姓倾城而出，都欲一观这天下第一潮。

　　龚自珍是七月初九日到的杭州。自清道光六年（1826）

离开故乡以来，这是他十四年来首次返乡。他清楚地记得，自己回家那天，父亲龚丽正倚门而望，脸上满是盼切之情。父亲原来已经如此衰老了。返家的第一晚，心中满是悔愧的龚自珍怎么也睡不着，脑中浮满了父亲"倚门望久"的场景。他思绪翻飞，起身写下了一首诗："只将愧汗湿莱衣，悔极堂堂岁月违。世事沧桑心事定，此生一跌莫全非。"

龚自珍此番回乡，"不携眷属，独雇两车，以一车自载，一车载文集百卷，夷然傲然，愤而离京"。他辞官而出，历时两个半月，方才抵达杭州。龚自珍是怀着愤懑与伤感离开京城的。他莫名被罚俸，遭冷落，受排挤，又因叔父龚守正成为自己的顶头上司而不得不引避。返乡途中，他是苦恼的。可当他看到父亲老态龙钟的样子、看到父亲眼里溢出的儿子归来时的喜悦后，心中开始由苦恼变得五味杂陈，进而生出一股庆幸来。"只将愧汗湿莱衣，悔极堂堂岁月违"，春秋时的孝子老莱子七十岁还彩衣娱亲，自己与之相比岂不愧杀！自己非但未能建功立业，还疏于奉亲，白白浪费了时光。"世事沧桑心事定，此生一跌莫全非"，世事虽无常，然心事已定，自己尚能于父亲膝下尽孝，此番辞官而出，也未见得全是坏事情。

龚自珍望着江面，脑中一一闪过这一个月的居家生活。即便人事有代谢，可故乡依旧是那个故乡，山清水秀，依然是那个天堂的模样。不过，龚自珍知道，天堂不过是表象，他发现近来银贵钱贱，乡人多有"食妖服妖"（吸食鸦片）者。龚自珍直直地望向钱塘江的尽头，他想要望一望，那远在广州的林少穆林则徐是否安好。林少穆虎门销烟，真乃大快人心之事也！龚自珍想到了自己送林则徐出京时所写的《送钦差大臣侯官林公序》，内中献上了三种决定义（必须做的），三种旁义（参考性意见），

143

三种答难义（驳斥反对派意见），一种归墟义（归结性意见）。龚自珍希望钦差大臣林则徐能严惩制烟、贩烟、食烟者，取消不正当对外贸易，同时加强军备海防，以备他国入侵。他期待林则徐能用两年时间"使中国十八行省银价平，物力实，人心定"。

龚自珍满是惦念，他也有南游之意，若非事势有难言者，自己恐怕也能亲眼得见虎门销烟的盛况吧。不知自己送林少穆的那方端砚，是否时时被研磨？军国之大事，又是否借由它流出笔端呢？

龚自珍的思绪随着茫茫江面，又飘至京城丰宜门外的花之寺中。京城十余年，自己屡次与友人会于花之寺，说文论道，商议政事，好不痛快。徐宝善、黄爵滋、潘德舆、朱为弼、魏源、宋翔凤、包世臣、端木国瑚等，无不是有真知灼见之名士，众人政见相仿、意气相投、剪烛夜谈，常议策改革。成文成书后，或上书于朝廷，或流传于坊间，一时传为美谈。离京匆忙，也不知今年花之寺内的海棠，是否如去年般开得繁茂。

龚自珍还待追忆，只听得耳旁传来一声轻语："来了。"他知道，那是父亲的声音。接着，人群中喊声四起："来了！来了！快看！"

龚自珍微眯双眼，只见远处如银线一条，迤逦而来，既而渐近，声若雷霆。方才平静的江面转瞬便波涛汹涌了。潮头高数丈，怒声汹汹势悠悠，似万马奔腾，竞相突进，又如连山喷雪，直撼海塘。龚自珍圆睁双目，竟有些站立不住。他下意识地伸出手去搀父亲，但闻见浪潮声中一声呼喊："阿珍，你看到了什么？"龚丽正不待儿子来扶，一把搭住龚自珍的肩膀，示意他看潮。

第九章 三百年来第一流，但开风气不为师

〔清〕袁江《观潮图》

潮打堤岸，一浪更比一浪高，一浪更比一浪强。龚自珍眼观潮浪，耳听潮声，若有所悟。

父 子

"八月涛声吼地来，头高数丈触山回。须臾却入海门去，卷起沙堆似雪堆。"潮来潮去，不过顷刻间工夫。江堤上的百姓，也随着潮退一哄而散了，只有龚自珍尚兀自呆立楼头。

龚丽正也不说话，只是静静地陪着儿子站着。

龚自珍耳边还回荡着父亲的那句呼喊。

看到了什么？看到了一浪追过一浪、你争我赶的奋进，看到了江潮拍岸时的奋不顾身，看到了哪怕粉身碎骨也要撕裂天地的气势，也看到了热闹过后的平静。龚自珍不由得想到了自己刚任内阁中书时的踌躇满志，曾越级上呈《上镇守吐鲁番领队大臣宝公书》和《西域置行省议》，关心边防安全，倡导民族统一；想到了刚中同进士时的志得意满，自己所作《对策》与《御试安边绥远疏》两篇试文切中时弊，广得赞誉；也想到了只身离京时的落寞与愤懑。

"阿珍，我们龚家读书入仕，以诗礼传家，卜居钱塘已经四百春了。读书为何？不过是上报朝廷、下为黎民而已。你的'落红不是无情物，化作春泥更护花''我劝天公重抖擞，不拘一格降人才'几句诗，写得很好。"龚丽正和儿子并排而立，轻声说道。

龚自珍心头一震，他没想到父亲前一秒还在问他看到了什么，下一秒便没头没脑地夸他的诗。况且，这几句诗，尤其是后两句，以父亲的性格，未必会喜欢。龚自珍突然意识到，父亲是在鼓励自己。父亲要自己陪着观潮；潮来如奔马，意在鼓励自己要有一往无前之魄力；潮退似溃兵，意在安慰自己要有接受失败的勇气。"上报朝廷，下为黎民"，只要一心为国为民，个人的得失沉浮，又何足道哉！况且，潮起潮落、风流云散，这本就是人生常态啊！

龚自珍身躯一震，望着眼前的老父亲，眼眶蓦地就湿润了。一路南行，行色匆匆，离怀耿耿，那些排挤他的人在看他的笑话，那些志同道合之人又无力助他，更可气的是，国家风雨飘摇，外敌环伺，自己竟只能灰溜溜地逃回故乡。

龚自珍自打出了京城，就一路写诗，不想"诗先人到"，自己还未到杭州，一路所写之诗就已传到家乡。"少年击剑更吹箫，剑气箫心一例消""少年揽辔澄清意，倦矣应怜缩手时""香兰自判前因误,生不当门也被锄",想必龚丽正早已读过龚自珍这些于归途中所作的诗歌。诗歌中那种失意的悲凉与慨叹,早就令龚丽正坐不住了。七十三岁的父亲想要开导开导自己的儿子,即便这一年,龚自珍也已经四十八岁了。

观潮楼上的龚自珍感受到了来自父亲的爱,他很感动。其实,他又何尝不懂这个道理呢?龚自珍还记得,自己刚出都门时,虽然心有不甘,可依然豪情满怀,写下了"著书何似观心贤,不奈卮言夜涌泉。百卷书成南渡岁,先生续集再编年"这南下途中的第一首诗。身离政治中心,心却系着家国大事,这是他归途中所写下的斗争宣言。他要告诉那些排挤他的人,他龚自珍不会退缩,依然会用手中的笔,去抨击时弊,针砭世衰。哪怕远离了朝廷,他仍然愿意像落花化作春泥护育新花一般,为国家社稷、为黎民百姓,尽自己的一点余力。但是,就像这江潮总会潮退一样,激情也总有退去的时候,人的情绪难免会有起伏,这一路,龚自珍时而热情洋溢,时而伤感怅惘,始终在情绪的两极徘徊。

龚丽正自然也关注到了龚自珍那些充满斗争性的诗句,可作为父亲,他更关注儿子内心的苦闷。心怀大志、久试不第的龚自珍,好不容易才在京城站稳了脚跟,此番表面上是主动请辞,暗地里却是被迫离任,怎会不愤懑?身处名利场中的他,不嗜名利,放言高论,难免不为人所中伤。龚自珍是缺少政治斗争经验的。离职南归,对于想要一展抱负的龚自珍而言,打击无疑是巨大的。龚丽正深知这一点。龚丽正倚门久望,见到儿子平安归来固然高兴,但心中始终存了一份隐忧。他在等,等一个机会,等一个能让儿子龚自珍打开心结的机会。

道光十九年(1839),己亥年,农历八月十八,机会终于来了。

己亥杂诗

南下的龚自珍早就想好了自己要创作一组大型组诗来总结过去，宣告自己的离开。同时，他也想通过这一大型组诗来呼告呐喊，批判当下，警示未来。他已经想好了组诗的题目。自己是己亥年去职离京的，这组诗，就该称为《己亥杂诗》。

龚自珍生活的时代，清王朝经历了由盛到衰的转变。龚自珍在《乙丙之际箸议》中已明确道出了清王朝衰世的特征："左无才相，右无才史，阃无才将，庠序无才士，陇无才民，廛无才工，衢无才商，抑巷无才偷，市无才驵，薮泽无才盗，则非但鲜君子也，抑小人甚鲜。当彼其世也，而才士与才民出。则百不才督之缚之，以至于戮之。戮之非刀、非锯、非水火；文亦戮之，名亦戮之，声音笑貌亦戮之。"衰世把诗人才士逼入困境，所谓"国家不幸诗家幸"，也只是不幸之幸。

在创作《己亥杂诗》前，龚自珍其实已经"戒诗"几个月了。龚自珍曾有过多次"戒诗"行为。他是敏感的，常常因忧愁幽思而难以入眠，或为国事，或因仕途。这种敏感搅得他身心俱疲，有时即便入睡，也经常梦中成诗。身为才士的他，因人微言轻、未受重用而倍感被"戮"之苦，怎能睡得着？又怎能睡得好？夜中不能寐，只可起坐作诗。可长此以往，身体又禁受不住。故而，龚自珍下决心戒诗，准备"弢言语，简思虑"，以达到"寿考"的目的。可惜，时局的动荡、仕途的不幸，又一次次将他推回了作诗的老路。他实在是忍不住，他不能停止思考，他闭不了嘴。而一旦破戒，就一发不可收了，"去年出都日，忽破诗戒，每作诗一首，以逆旅鸡毛笔书于账簿纸，投一破簏中。"(《与吴虹生书(十二)》)未至杭州,簏中便已盛诗百余首。

《己亥杂诗》中有回忆之作,有赠别之作,更有直指社会时弊的投枪匕首。南归路上,龚自珍见到了"五都黍尺无人校,抢攘塵间一饱难"的乱市,听到了"国赋三升民一斗,屠牛那不胜栽禾"的哀叹。农田被弃耕,水利被破坏,军队如地痞,村庄似废墟,更有"津梁条约遍东南,谁遣藏春坞逢"的鸦片走私,一路所见所闻,迫使他不得不以诗为武器,喊出时代变革的最强音:"九州生气恃风雷,万马齐喑究可哀。我劝天公重抖擞,不拘一格降人才。"龚自珍要呼唤,呼唤风雷齐至,给大地带来生机,一改"万马齐喑"的局面。官员面对时局默不作声,如同哑巴,毫无作为,这是多么可悲的事啊!老天爷,你赶紧抖擞精神,不要去管什么资格限制人才,赶紧震响大地,让人才不断地在社会上涌现吧!

然而,身处政治中心的官员龚自珍尚且不能通过呼喊改变现状,更何况是离了朝廷的小小诗人呢?

身为父亲的龚丽正自然能够看到儿子呼喊过后的沮丧,自然能够看到儿子斗争背后的颓唐,这是只有为人父母才能有的洞察力。龚自珍的一次次呐喊,除了使他诗名更盛外,并没有收到任何回音。官员依旧在沉默,朝廷依旧在科举取士,鸦片依旧在遍地流淌,百姓依旧在四处遭殃。可这并不能使龚自珍闭嘴,沮丧颓唐过后的龚自珍,反而表现得更加"猖狂",他要"狂言重起廿年喑"。他要告诉世人,从现在起,那个于京师二十年、屡次戒诗的龚自珍走了,那个二十年前无所顾忌、爱出狂言的龚自珍,又回来了!他以极度的自信告诉那些尸位素餐之人:"五十年中言定验,苍茫六合此微官。"小小的龚自珍不足道,但可能的话,请记住他高喊的话语,因为这个小小的龚自珍，他的主张，在五十年内，必定应验。

果然，不到五十年，当洋务运动的主要领导人李鸿章读到龚自珍的《西域置行省议》后，由衷地叹道："古今雄伟非常之端，往往创于书生忧患之所得。龚氏自珍议西域置行省议于道光朝，而卒大设施于今日。"

开一代风气

观潮楼上的龚自珍已然回过神来。他望向父亲，眼里满是复杂。

龚自珍既感动又愧疚，他忽地冒出一句时下流行的诗来："痴心父母古来多，孝顺儿孙谁见了。"是啊，自己又谈何孝顺啊！

龚氏一族卜居钱塘四百载，诗书传家，从思想上来说，仍是尊崇传统的宋明理学的。如龚自珍的祖父龚敬身，便"以理学文章自任，以程、朱、韩、柳为指归"。然传至龚丽正这一代，形势发生了微妙的变化。龚自珍的父亲龚丽正是段玉裁的学生及女婿，颇受段玉裁考据学治学方法的影响。而考据学，本就是清代学者针对宋明理学空谈义理的弊端所发展出来的。不过这种微妙的变化并没有促使龚丽正走上考据学大家的治学之路，他依然没有办法彻底脱离家族所推崇的传统理学的束缚。直至龚自珍的出现，这种情况才彻底发生改变。

龚自珍，字璱人，号定庵，乳名阿珍。另有一字爱吾，为外祖父段玉裁所赠，取"爱亲、爱君、爱民、爱物，皆吾事也"之意。段玉裁认为："未有不爱君、亲、民、物，而可谓自爱者；未有不自爱而能爱亲、爱君、爱民、

第九章 三百年来第一流，但开风气不为师

龚自珍

爱物！"段玉裁是研究《说文解字》的专家，曾亲自指导龚自珍学习《说文解字》。龚自珍在《己亥杂诗》中十分推崇自己的外祖父，说："张杜西京说外家，斯文吾述段金沙。导河积石归东海，一字源流奠万哗。"诗后自注道："年十有二，外王父金坛段先生授以许氏部目，是平生以经说字、以字说经之始。"龚丽正也有意识地培养龚自珍做考据学的基础功夫，他引导儿子读旧《登科录》，从搜集掌故资料开始，让龚自珍学习如何考据。受外祖父与父亲的影响，龚自珍从小就接受了正统考据学派的训练，所以，他曾一度有了"竟至虫鱼①了一生"的想法。

倘若时局没有发生剧变，龚自珍或许会沿着段玉裁等人开辟的道路一直走下去，成为考据学大家。可世变剧烈，根本容不得他安静地做学问。在清王朝由盛转衰的过程中，段玉裁也开始意识到考据学的局限性，因此，他并未要求龚丽正父子继承自己的衣钵，反而鼓励龚自

① 虫鱼，先秦时有一本解释词语及鸟兽草木的书，名叫《尔雅》，汉以后成为解释经籍名物的重要工具书，有郭璞等作注。有人又贬抑专门从事这种琐屑考证为"虫鱼之学"。

珍"博闻强记，多识蓄德，努力为名儒，为名臣，勿愿为名士"。

龚自珍虽然没能成为考据学大家，可考据学的务实精神以及经世致用的主张都对他的思想形成起到了重要的作用。考据学派所倡导的经世致用的主张，促使龚自珍去关注国防、经济、地理等各方面内容，促使他去关心国家命运，鼓励他去睁眼看世界。

龚自珍对父亲心怀愧疚很重要的一点便是，他未能继承家学，亦未能走上外祖父的治学道路，他是家族中的异类。他恰恰违背了段玉裁"勿愿为名士"的叮咛，成为世人眼中言行怪诞、放荡不羁的名士。在叔父龚守正眼中，龚自珍是性情狂诞、不能承绍祖德的反面典型。

龚自珍之所以给世人留下性情狂诞的印象，或许和他"叛出"考据学有关。龚自珍受考据学影响，可并不以考据学为尊。他在跟从刘逢禄学习今文经学后，竟高喊"昨日相逢刘礼部，高言大句快无加。从君烧尽虫鱼学，甘作东京麦饼家"。

龚自珍所生活的嘉道之际，以王念孙、段玉裁等为代表的考据学（又称朴学）派主要倡导古文经学，以刘逢禄为代表的常州学派则倡导今文经学。今文经学是针对古文经学而言的。今文经和古文经之说源于汉代，原本只是指经书传本所用的文字不同，因而有今、古之称。今文经指的是西汉时期用通行文字隶书所誊抄的先秦儒家经籍，古文经指的是当时尚有流传的、用战国以前古文字写就的经籍。后来，围绕今文经和古文经逐渐形成两个不同的学术流派，即今文经学和古文经学。"今文学以孔子为政治家，以六经为孔子致治之说，所以偏重于'微言大义'，其特色为功利的，而其流弊为狂妄。

古文学以孔子为史学家，以六经为孔子整理古代史料之书，所以偏重于'名物训诂'，其特色为考证的，而其流弊为烦琐。"（周予同《〈经学历史〉序言》）

龚自珍一见刘逢禄的"高言大句"，就想要抛弃从外祖父那习得的"虫鱼学"。刘逢禄，字申受，时任礼部主事，精研《春秋公羊传》（今文经学发展至清代，只留有《公羊解诂》等少数作品）。今文经学讲求"微言大义"，善于论述，在解释古代文献时往往按照个人需求灵活处理，歧义百出却声势夺人。龚自珍之所以喜爱刘逢禄的"高言大句"，即在于此。学习今文经学，可以让他更好地论政议政；学习今文经学，可以让他更好地阐述自己的改革理想。刘逢禄治学，主要着眼于学术；龚自珍治学，则主要着眼于政治。今文经学让龚自珍找到了针砭时弊的最佳手段，至此，他常常为自己的观点披上至高无上的儒学的外衣，肆无忌惮地高喊改革。他借今文经学中的"据乱——升平——太平"三世循环说，结合社会现实，呼吁朝廷任用贤才、积极求变。

在未从刘逢禄学习公羊学之前，龚自珍便已提出"治世——衰世——乱世"之说，意指清王朝正处于"衰世"，若不变革，必将堕入"乱世"。而"衰世"的论断显然是难以让统治者接受的。在系统学习公羊学之后，龚自珍学会了伪装，他换了说法，将"衰世"换成"升平世"。统治者如要达到更高一层的"太平世"，必须要积极求变。无论是"衰世"还是"升平世"，求变的本质是不变的。

可以说，自龚自珍始，今文经学便逐渐成了有志之士呼吁改革的最好武器。龚自珍、魏源、康有为、梁启超，都借用今文经学这个旧瓶，来装启蒙思想之新酒。梁启超在《清代学术概论》中，就感叹道："晚清思想之解放，自珍确与有功焉。光绪间所谓新学家者，大率人人皆经过崇拜龚氏之一时期。初读《定庵文集》，若受电然，稍进乃厌其浅薄。然今文学派之开拓，实自龚氏。"

值得注意的是，龚自珍的"叛出"考据学、归依公羊学并非是学术上的出、入，而是思想上的整合。正是因为这种整合，使得龚自珍能够"一方面以考据学派的经世致用去务实求政，一方面以微言大义方式去申述、宣扬自己的社会理想，批判现实社会"。正如时人所论："近数十年来，士大夫诵史鉴，考掌故，慷慨论天下事，其风气实定公开之。"

龚自珍自己也颇为得意地说："一事平生无龁龁，但开风气不为师。"他所谓的"开风气"，指的就是自己通过言论开启了抨击时弊、倡导变革的风气。站在历史转折点的龚自珍，跳出宋明理学、乾嘉朴学的窠臼，灵活运用今文经学微言大义的论述特点，吹响变革的号角，引导有志之士破弃陈规，积极寻求未来。"生平不蓄门弟子"的龚自珍，因开一代风气而备受后人推崇。从洋务运动到维新变法到五四运动，皆能见到龚自珍之影响。更有众多"龚迷""龚僻"，以学龚诗为时髦，"沿及同、光，风尚所趋，尊为龚学。掇其单句片词，即登高第而猎盛名，家弦户诵，遍于浙江"。

作为家族反叛者的龚自珍或许会被族人认为是不孝的，但作为思想启蒙者的龚自珍，将以"三百年来第一流"的盛誉被载入史册。

观潮楼上的龚自珍有些伤感，望向父亲的眼神显得颇为无奈，他皱了皱眉，似乎又想到了另一个令他头痛的问题。

父亲龚丽正已不止一次向他建议，由他来接替自己

龚自珍纪念馆内景

在紫阳书院的教职。

紫阳书院位于杭州紫阳山麓太庙巷，因山名紫阳，且朱熹号紫阳，故得名，乃康熙年间两浙都转运盐使高熊征与盐商汪鸣瑞等所建。紫阳书院历经康、雍、乾、嘉四朝，至道光年间，已成为杭城著名的书院，生徒日增，声望日隆。而龚丽正，正是紫阳书院的主讲。

子承父业，本也理所应当，况且以龚自珍的才情名望，任一书院主讲，自然不在话下。然而，龚自珍却并不十分情愿。他不愿"蓄门弟子"，不想因为此事而落下口实，遭人龃龉。"河汾房杜有人疑，名位千秋处士卑"，隋末大儒王通讲学于黄河、汾水间，门生众多。王通弟子房玄龄、杜如晦、魏征、李靖等人，俱被称为"河汾门下"。可后世之人因王通乃一处士，地位卑微，认为他不可能是房、杜等将相名臣的老师，语多不敬。龚自珍之所以不想为人师，就是不想像王通一样，多一件受人指摘的事情。

一边是老父亲的殷殷期待,一边是"一事平生无齮齕,但开风气不为师"的傲世宣言,龚自珍进退维谷,不知该如何是好。

江风拂面,带来些许凉意。龚自珍猛然想起,自己过扬州时,曾与致仕归里的忘年交阮元有过一次短暂的会晤。分别时,阮元不是叮嘱自己,务必多多照料诂经精舍与紫阳书院吗?想来阮大人的《紫阳书院观澜楼记》,还清楚地刻于书院内的看潮台故址旁呢!龚自珍一念及此事,便又想到了好友林则徐。曾任杭嘉湖道台的林则徐,也在紫阳书院留有"是夫君子,诚之为贵;夫惟大雅,卓尔不群"的楹联。想到这,龚自珍不免又心动了。他整了整衣衫,打定了主意:紫阳书院,不可不去;教席,亦不得不任。

龚丽正其实并不在意龚自珍是否能够成为名儒、名臣。龚自珍于观潮后有所得,龚丽正又何尝不是呢?岁月弥久,又有多少家族能够一直繁荣,不在这潮起潮落中湮没无闻呢?江潮滚滚,时局一直在变,大清朝就如同这江潮中的小舟一般,飘摇不定。国若不国,哪来个人的权位与家族的昌炽呢?

龚丽正再次搭了搭儿子的肩膀,心道:"阿珍已经走到我们前头很远的地方了。"他敲了敲拐杖,道:"阿珍,走!回家!"

龚自珍收起心中的伤感,望着远去的钱塘江,目光坚毅。他张大嘴巴,纵声长啸。他龚自珍,将一直战斗,绝不闭嘴。

参考文献

1. 郭延礼：《龚自珍年谱》，齐鲁书社，1987年。
2. 《龚自珍全集》，王佩诤校，上海古籍出版社，1999年。
3. 〔清〕徐宗亮等：《黑龙江述略（外六种）》，李兴盛、张杰点校，黑龙江人民出版社，1985年。
4. 〔清〕段玉裁：《经韵楼集》，上海古籍出版社，2008年。
5. 〔清〕龚自珍：《龚自珍诗集编年校注》，上海古籍出版社，2013年。
6. 〔清〕皮锡瑞：《经学历史》，商务印书馆，1928年。
7. 梁启超：《清代学术概论》，中华书局，2016年。
8. 陈铭：《龚自珍评传》，南京大学出版社，1998年。
9. 孙文光、王世芸编：《龚自珍研究资料集》，黄山书社，1984年。

第十章

俞楼堪下榻，东倭请业人

落寞的老人

公元1884年，甲申猴年，论年号为清德宗光绪十年。这一年，法国入侵中国，中法开战；也正是在这一年，格林尼治时间正式被采用为国际标准时间。正在和法军作战的福建水师的士卒们不会想到，未来的某一天，干支计时法会被淘汰，他们的祖国和正在入侵的法国一样，都将遵从同一个时间标准。

1884年，对于远离战场的杭州老百姓来说，生活却并未发生什么不同，贺喜送丧，日子还是照常过。十月，西湖已带了几分秋意，却也还不十分凉爽。湖面上荷叶枯败，略显萧瑟，然远山红绿掩映，保俶塔、雷峰塔遥遥相对，竟比起那"接天莲叶无穷碧"的夏日，更显出韵致来。可惜这一年入秋以后，西湖的游人明显减少了许多，湖上也只零星见些舟子，美景乏人问津，多少现出些不寻常来。

位于西湖里湖与外湖间的孤山，因少了游人，也越发显得静谧。唯有剩下的点点桂香，似不甘寂寞般，在湖山间四处游走。孤山诂经精舍旁的俞楼里，六十四岁的诂经精舍山长俞樾俞曲园正凭栏远眺，他似乎很享受这种静谧。俞樾一手托着一块刻有"福寿"二小篆的小砖，一手不住地在上边摩挲。俞樾依稀记得，这块小砖，是辛巳年（1881）清明后三日，他与学生徐琪等人游法相寺，于壤垣内所得。

"福，佑也；寿，久也。福寿，福寿……"俞樾目极远处，口中不住喃喃自语。他的思绪，也随着他的目光，如微风荡开的湖上涟漪般，一圈圈地往外扩散，直散至湖与山的尽头。

俞樾，字荫甫，号曲园，浙江德清人，世称曲园先生。他在继承高邮王念孙、王引之父子经学的基础上，矢志撰写了《群经平议》《诸子平议》及《古书疑义举例》三部著作。也正是这三部经学著作，一举奠定了他在经学研究领域的地位。时人将他与东汉大儒许慎、郑玄和开清代朴学之风的顾炎武及清初考据学家阎若璩相媲美，称他"上窥许、郑之室，下摩顾、阎之垒"。

经学有古文经学和今文经学之分。有清一代，因受政治等多方面因素的影响，逐渐兴起了一个倡导汉代古文经学训诂考据功夫的学术流派。这个学派推崇汉儒许慎、郑玄等人的朴实学风，反对宋儒的空谈义理，被称为乾嘉学派。他们继承和发展了汉儒的训诂方法，自立门户，形成了以考据为风尚的"朴学"。乾嘉学派中，影响较大的又有"吴派"和"皖派"两派。吴派"凡古必真，凡汉皆好"，以"尊汉为标帜者也"，容不得别人对汉儒所说有半点斥责。此派为首者，乃苏州元和人惠栋。皖派"盖无论何人之言，决不肯漫然置信，必求其所以然之故；常从众人所不注意处觅得间隙，既得间，则层层逼拶，直到尽头处；苟终无足以起其信者，虽圣哲父师之言不信也"，读书治学必求原文之正确而后方安。

俞樾

此派为首者，为安徽休宁人戴震，另有代表人物高邮王念孙、王引之父子，金坛段玉裁等。俞樾，便是沿着戴震、王念孙、王引之的治学之路一路而下，成为清代朴学之殿军。

俞樾历经四朝，自道光到光绪，此时已是名满天下的硕儒。他的《群经平议》《诸子平议》长于校勘，被视为"析疑振滞"之作；其《古书疑义举例》，总结古书用词造句之方法，突出文字训诂，并将文字训诂往古文文法及修辞学上引申，被称为"训诂学之模范名著""发古今未有之奇也"。六十四岁的俞樾，声震寰宇，游其门者，均为戴望、黄以周、朱一新、吴庆坻、袁昶等一时名家。孤山十六年，他秉承诂经精舍创建者阮元的办学理念，整日孜孜矻矻，研求经义，强调培养人才要以经学、史学为主，同时要求学生通经致用。然而，此时的俞樾，还没有意识到他将对晚清甚至民国的知识界造成多么巨大的影响。此时的他，自然也不会料到，已逝的孤山十六年时光只是他在诂经精舍讲学时间的一半，他的晚年几乎有大半时间都将在俞楼度过。持砖远眺的俞曲园，在西湖游客眼中，只是一位普通的老人，且比一般的老人更显出一股衰瑟来，就如宝石山与夕照山上的两座塔一样，虽然耸立着，却给人摇摇欲坠之感。

俞樾手持福寿砖，似乎想到了生与死的问题。西湖那边的三台山，葬着他的夫人姚氏。秋意渐浓，他的身影有些落寞。福寿，福寿，谁又能既福且寿呢？他毕竟也只是个普通的老人啊！历史最苛刻的一面就是忽略了朴学大师也是普通人这一事实。生老病死，喜怒哀乐，谁都不可避免。

光绪十年（1884）的俞曲园，脸上异常瘦削。其实，自五十八岁以来，他就一直处于一种颇为消极的心绪当中。光绪四年（1878），母亲姚太夫人去世；五年（1879），夫人姚氏病逝；七年（1881），长子俞绍莱卒于天津；八年（1882），二女儿俞绣孙逝世。五年内，俞樾连丧四位至亲，心情可谓沉到了谷底。心理的苦楚加重了身体的孱弱，受此严重打击后，他深感自己便如同这秋日般，白天愈过愈短，晚上愈睡愈长，即便迎着日头起来，也闻不到半点朝阳的生气了。剩下的，不是回忆，便是遗憾，当然，还有等待。

唯有在著述的过程中，俞樾才能暂时忘却心中的痛苦。每年春秋来杭讲学，他无心游览西湖山水，整日将自己困于俞楼和右台山夫人墓地旁的右台仙馆中。俞樾甚至写了布告，告知海内诸君子，封笔三年，不再替人写碑传序记了。俞曲园拼命著书，所得甚丰：光绪四年（1878），《诂经精舍文集》四集刻行；五年（1879），《俞楼杂纂》五十卷刊行；六年（1880），《右台仙馆笔记》十六卷成书，《茶香室丛钞》《茶香室续钞》《茶香室三钞》

撰成，《茶香室经说》基本厘定；八年（1882），《诂经精舍文集》五集成书；九年（1883），《茶香室丛钞》刊刻。

然而，学术上的成就并未能使俞樾襟怀舒畅。每至神疲气衰之际，他总会缓步登上俞楼，一如今日般，口中喃喃，凝目远望。

正当俞樾望过湖心亭、目至雷峰塔之际，一个青年，悄然驻足在诂经精舍门前。

俞楼收徒

俞樾没有注意到井上陈政的到来。他见到井上的时候，对方正捧着一封信恭敬地递到他面前。

井上是来拜师的。信是何如璋写的。

井上陈政，日本东京大藏省官费学生，奉其国命，游学中华。"十一年（明治十一年，即1878年）十月受命专门研习汉学，十二年（1879）一月受命入清国使署就学，随公使何如璋，参赞黄遵宪、杨守敬，副使张斯桂等研修'学术'及'语言'。"（井上陈政《留学略记》）何氏任满归国，井上随船同至中华，并亲历中法开战。何如璋十分推崇俞樾，曾对井上说，俞樾乃海内硕儒，天下伟人，如果能跟从他学习，必定能进学励志。于是，井上陈政告别何如璋，于1884年秋，来到了俞樾面前。

井上此次中国之行，是带着任务的：

> 本省印刷局整理部技生井上陈政派遣至清国之事付伺。本省印刷局所制纸类及各种印肉等其他制

品，其海外输出之端绪渐开，其中尤以精制朱肉等最合支那人之好，贩卖前景顺畅。然同局整理部技生井上陈政仪，迄今一直差遣至清国公使馆，通晓其语学、文学。今般同公使即将归国，此际若托同公使将之差遣至彼国，探访显（宣）纸类及印肉等其他制品贩鬻去向，则为将来同局工场必带来不少便益。因此望准许特将同人派遣至清国。其费用由同局营业费内支办。①

"印肉""朱肉"均指印泥。井上的任务，就是探访中国宣纸、印泥的制作工艺以及贩鬻去向，了解中国市场。此外，他还兼有情报窃取的任务。在跟从何如璋学习时，井上陈政便曾将探听到的中法战争机密偷偷上报给日本公使馆。然而，井上陈政毕竟不是专门从事情报工作的间谍人员，在见识了中华大地的风物人情后，他深刻认识到"日清联交之必要"。若要"日清联交"，则必须习熟中华文化。在何如璋的影响下，井上陈政研精坟典，对享誉中外的朴学大师俞樾心生仰慕。井上此来，是真心求教。

俞樾很为难。他知道自己在日本颇有文名。早在1870年，便有日本商人将他的《群经平议》《诸子平议》传至日本。彼时，日本正处于"唾弃汉学，以为无用"，"孔孟之道扫地以尽"，全面追求西化的时期。传统汉学的式微让日本汉学家痛心疾首，却又无能为力。全面校勘整理儒家经典的《群经平议》及深入训释先秦至西汉子部要籍的《诸子平议》甫一传入日本，便引起了日本汉学家的注意，引发了"书来海外皆争购"的景象，喜得书商不断加印。在日本汉学家眼中，俞樾不但是儒者，更是"旷古不世出之豪杰"，救日本汉学于危亡之际。正因如此，1876年，日本儒官竹添光鸿闻名而至，不仅以诗文见示，而且以《栈云峡雨日记》求序。俞樾

① 参见谭皓《近代日本对华官派留学史（1871—1931）》第三章第三节"大藏省留华学生派遣"。

在与竹添光鸿的笔谈中，了解了日本汉学的情况。此后，日本和尚心泉来见。俞樾还记得，两年前，在他意兴阑珊之际，还为日本人岸田国华审定、编选了寄来的日本国一百七十家汉诗。这本定名为《东瀛诗选》的诗歌选集，曾一度风靡日本。可以说，俞樾与日本汉学家之间的文字因缘，一直持续着。可如今井上陈政来访，并愿受业于自己门下，仍让俞樾犯难：诂经精舍自创办以来，从未收过异国学生。

井上陈政似乎看出了俞樾的为难，他也看出了这清癯消瘦的老人，精神状态似乎并不佳，除了行动迟缓外，老人饱经风霜的脸上已满是皱纹。井上曾在脑海中无数次想象与勾画，这位写出《群经平议》《诸子平议》的鸿博淹通的老人该是如何之伟岸，然而，现实却是，俞樾也不过只是一位普通的中国长者罢了。井上有些失望，但是，他马上又振奋了，因为他看到了俞樾的眼睛，那一双清澈又透出智慧光芒的眼睛。井上忙开口道："太史老先生，您知道日本也有俞楼吗？"

俞樾很诧异。自己从未踏足日本，何来俞楼？

井上不等俞樾发问，便接着说道："太史先生高名卓誉，《群经平议》《诸子平议》流布海外，是我们心中的神州第一硕儒。当年田边参赞奉命来华，仰慕先生高风亮节，特至俞楼拜会，不想适值先生居留苏州，不得相见，故画下俞楼图纸，回到日本后依图建成，以飨同好。"

俞樾听罢，不禁哑然。

井上继续道："我本是印刷局一童工，机缘巧合下得窥汉学正宗，今日至俞楼，绝不能入宝山而空回，希望得列太史先生门下，成'曲园门下走狗'。"说完，不等俞樾回答，倒头便拜。

俞樾忙起身扶住。可是他的思绪并未跟上他的动作，直到井上陈政恭恭敬敬地站立一旁，俞樾才从刚才的话语中回过神来。

俞樾看看手中的信，又看看一旁的井上陈政，心中似有了决断。俞樾向来不是一个囿于门户之见的酸儒。况且，倘若以井上陈政为桥梁，沟通中日汉学，切磋往还，未尝不是晚年一大乐事。

此时的俞樾，最缺的，便是值得一乐之事。他太孤独了。门生老友宦海浮沉，未在身边；列强环伺屡屡犯境，国家多故。时局多变，家庭多变。井上陈政的出现，在一定程度上缓解了老人内心的孤寂。同时，他对汉学的热爱，又颇让俞樾感动。

然而，拜师，是有条件的。俞樾提出了自己的要求：一不窥宋元之绪论，虚谈心性；二不袭战国策士之余习，高谈富强。俞樾的德清方言不太容易让人听懂，他拿起笔，郑重地写下了收徒的原则。

湖上传经

诂经精舍教学不以科举为旨归，而更倾向于培养一批崇尚古学、专研经术的学术型人才。俞樾曾不止一次强调，课士要"讲求古言古制，由训诂而名物、而义理，以通圣人之遗经"。俞樾对弟子的要求，其实也正是他自己赖以治学的标准。

井上在日本时接受过全面的西式教育，这便让他在看待问题上有了与俞樾截然不同的眼光。年轻人，好谈世务，而这恰恰有悖于俞樾提出的要求。俞樾不喜欢志大才疏、高谈阔论之人，他希望学生能够认真地研读经史，以古鉴今，学有所用。所以，他责令井上陈政改而治经，并且给他取了一个中国名字：陈政，字子德。

俞樾有一小舟，能容五六人，名唤"小浮梅俞"。昔年兴之所至，常携妻友或弟子，于暮景晨曦中泛舟湖上，说经论古。他尤喜月夜泛舟，只是近年来人事倥偬，不得心情夜游西湖。现今喜得异国弟子，自然又萌生雅兴。一夜月半，夜白风清，俞樾邀弟子共游西湖。"小浮梅俞"缓缓驶向湖心，湖上渔火点点，月光倾泻而下，远山如黛，近水含烟，微风习习，橹声轧轧，恍若身处梦中。

俞樾不觉有些痴了。久不游湖，他竟生出些恍惚之感来，昔日和友朋弟子抵掌高谈、共研经义的场景历历在目。船过小瀛洲退省庵，他忽地想到帮自己建造俞楼的好友兼亲家，退省庵主人彭玉麟（字雪琴）。中兴名臣彭玉麟一到杭州，便与俞樾一见如故。两人诗酒唱和，共览山水，甚是相得。中法开战，彭雪琴临危受命，调集湘军亲往广州设防督战去了。如今楼虽在，可人却天涯万里，相见无期了。

俞樾虽则有些伤感，然弟子在侧，又不禁恢复了严师的面容。他的门生弟子，多有和老师研经湖上的经历。忆及往昔，俞樾突然兴致大发，决计湖上传经。于是，便有了师徒二人于"小浮梅俞"中共谈《毛诗》的场景。井上以《毛诗》义质问，俞樾随笔答之。

（井上）问："君子好逑。"余谓"逑"字当从《缁衣》篇所引作"仇"，其义当从《毛传》作"匹"。《说文》：仇，雠也。雠犹䜭也，䜭以言对也。是仇亦有相对之义，故得训匹。作迷者，假字耳。迷，敛聚也，非其义也。郑以《左传》义易《毛》，非是。许君于"迷"字下附怨匹曰迷之说，亦为后出之《左传》所惑。

问："于以采蘩"，蘩不在七菹之数，其用未见于经，采之何为？余谓郑云"以豆荐蘩菹"，则蘩在豆，不在菹也。据醢人四豆之实，有韭菹、菁菹、茆菹、葵菹、芹菹，亦无蘩菹。然茆芹皆水草，蘩亦其类，或亦可为菹乎。

问：展衣之色，是白是赤？余谓《正义》言之详矣。然孙毓推衍毛义，未免凌乱，不如郑说之有条理。且诗云"瑳兮瑳兮，其之展也"，以瑳拟展，色必相同。许书云："瑳，玉色鲜白。"又云"衰丹縠衣"，则是以白玉拟丹縠，语意不伦，毛误，许亦误，不如从郑，则白衣、白玉适相称也。

——《春在堂随笔》

这种笔问笔答的方式，让俞樾大为受用。师徒两人虽在语言上有颇多障碍，但这并不影响俞樾讲经的热情。他已经许久没有如此襟怀舒畅过了。俞樾昔年有和日本汉学家笔谈的经验，此番和弟子笔谈，自然更觉得心应手。看着弟子，他突然觉得自己颇似老友孙衣言。孙衣言曾在国子监充当琉球学生的教习，常以此法教导学生，还曾据此画有一幅《海客授经图》。俞樾此时，便有海客授经之感。

其实，俞樾这种笔问笔答的传经形式，于近代以前，在不同地域的汉字文化圈内是极为流行的。如朝鲜、越南、日本等国间的使节往来，就常使用汉字来进行交流。而这种被称为"笔谈"的交流方式，对于井上陈政来说，

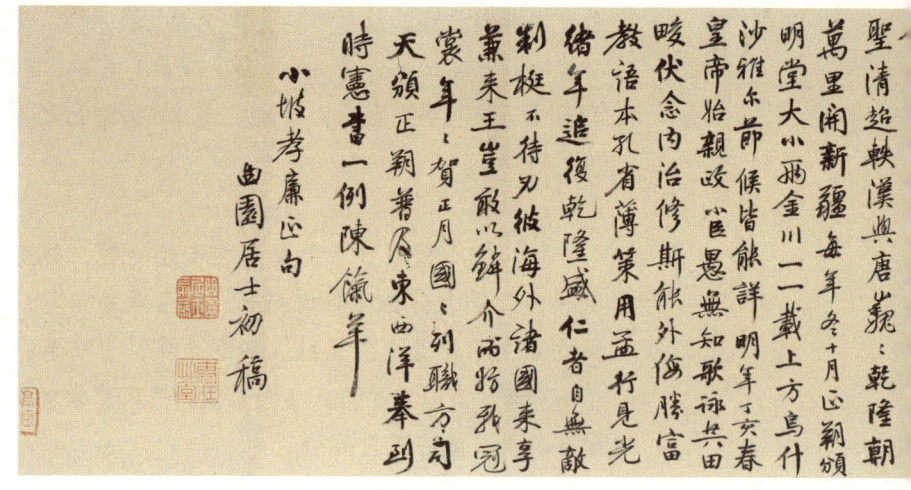

俞樾致郑文焯信札

亦同样受用。笔谈虽然使师徒间的交流变缓，然于做学问上，却显得极为高效。俞樾治学看重"无征不信"，极重史料的准确性。以笔谈方式传经，自然能使弟子更准确地理解自己的用意以及更好地掌握治经的方法。

俞樾认为，治经之道，大要在正句读，审字义，通古文假借，而这，也是清代朴学研究学派乾嘉学派的主要治学方法。自顾炎武、阎若璩、钱大昕到段玉裁、王念孙、王引之，他们均埋头故纸堆，以考据为正宗，侧重名物训诂与文字音韵等研究。俞樾治学宗王念孙、王引之父子，自然而然便成了此一学派的继承者与发扬者。俞樾湖上传经，传的便是此一治学方法。这种斤斤于一字一句考证的烦琐治学方法，正是乾嘉学派务实的治学之道的延续。俞樾治学严谨，从不轻易下结论，也不拘泥于前人之说，故往往能博采众长而自成一家。他在给弟子布置课艺之时，也往往就这些布置的问题提出自己的见解，口述笔写，以为示范。井上在俞樾的熏陶及严格要求下，受益匪浅，主动或被动地掌握了师门传授的治经法门。

"吾道东矣"

俞樾曾写诗记录收徒一事：

> 不信天涯若比邻，乘桴远至太无因。
> 怜君雅意殊非浅，愧我虚名本不真。
> 喜有湖楼堪下榻，敢云学海略知津？
> 自惭未及萧夫子，竟受东倭请业人。

俞樾自认为比不上唐代的萧颖士，不能在"东倭之人，踰海来宾，举其国俗，愿师于夫子"之时"辞以疾而不之从也"。然诗虽言及于此，亦只是自谦之辞。俞樾自收了井上陈政这位日本弟子后，心中还是有些得意的。"太上有立德，其次有立功，其次有立言。虽久不废，此之谓三不朽。"任谁看到自己所立之言能流传海外，并引得异国青年前来受教，都会有些得意的。

俞樾对待学问一事，从不马虎，更不懈怠。他常以经义问题考校弟子，或出题考校文章，或笔谈考校名物训诂。井上陈政在俞樾的督促下，学问突飞猛进，文章愈作愈好，对义理的理解，也越发深刻。

俞樾虽然严苛，然对后生小子亦处处透着慈爱。他带弟子吃楼外楼的醋溜鱼，吃岳坟的烧饼，吃三雅园的豆腐干；他带弟子观山游水，从俞楼行到岳庙、苏堤，从孤山寻至宝石山、三台山，从虎跑踏至龙井、九溪十八涧。俞樾似乎暂时从生与死的思索中走了出来，他已然有了走进自然的渴望，不再整日枯坐书斋了。

俞樾很享受这种师徒氛围。沾弟子的光，他有幸见到了日本的樱花，并写下了咏樱花诗四首，作出了"千金身价逾荼䕌，一笑风神敌海棠；自可靓妆争玉女，未容骄语压花王"的评量。俞樾昔年曾在宋代苏易简的《文房谱》中读到过"纸可为衣"的记述，可一直未见，直到井上呈上日本产的纸布，他才深感"古人诚不我欺"。为此，俞樾特地请来家中女眷，一起欣赏弟子送上的礼物，同时，写了一首长诗，说自己已等不及要让裁缝把纸布做成衣服了，好穿出去让朋友们见识见识。经学大师，也有充满童趣的一面。

然而，快乐的时光总是短暂的。光绪十三年（1887）夏，井上陈政学成准备归国，俞樾特备酒宴为他送行。俞樾有些感伤，行程漫漫，他有些担心弟子途中的安全。临行前，俞樾想到了王维送别日本友人晁衡时写下的那首《送秘书晁监还日本国》，他也写了一首《送门下士井上陈子德归日本》送给井上陈政："日东遥望海茫茫，送子吴门酒一觞。万里归人同晁监，三年吾党得陈良。攀吟宰树情何极，起舞斑衣乐未央。更愿异时仍过我，尊前重与话扶桑。"俞樾诗中的陈良，是春秋战国时期楚国人，因慕周公、仲尼之道而到北方求学，不料北方的学者竟没有一个比得上他的。俞樾借陈良表达了对井上的喜爱。"更愿异时仍过我，尊前重与话扶桑"，这是多么直白又殷切的希望啊！

俞樾望着远行的井上陈政，心中无限感慨。

他默默想到："得陈子德，吾道东矣！"

"子德亲炙有年，深受熏陶之益，为诵其学行，津津不止于是。"井上陈政回国后任过教师，后又活跃于政治舞台，在日本文化界及其他领域，都有着不小的影响力。他不遗余力地在日本推介俞樾，将所携俞樾著作分赠学界名流，称颂俞樾的学问品行。

光绪十六年（1890），俞樾七十岁生辰，已是日本驻英大使的井上陈政，专门在日本为老师征集祝寿诗文。彼时俞樾恰遭女婿之丧，已遍告亲友，不接受任何形式的贺仪。不料次年八月，竟收到了弟子寄自英国的祝寿诗文，计有文章四篇，诗歌四十八首，均为日本明治时期名重一时的汉学家所写。因所得之日乃生辰第二年，俞樾就将其视作寻常投赠收下了，并编成一集，题曰"东海投桃集"。俞樾对这份礼物是很满意的。他在序中表示，自己虚名流布海外三十年，承蒙东瀛诸君子不弃，雕锥朽木，刻画无盐，实在是不能辜负他们的雅意，所以编为一卷，以示纪念，同时，也借此得窥中外同文之盛。

俞樾本就为日本汉学家所重，加之其弟子不断地宣扬，在日本的影响越来越大，备受推崇。众多日本汉学界名流，纷纷和俞樾诗书往还，更有甚者，慕名而至中国，亲自走进诂经精舍，向俞樾求教。有一位名为樱井儿山的日本学者，为了方便日本民众阅读俞樾的著作，还亲自编写了《春在堂全书类聚目录》。痴迷汉学的桥口太郎寿则专程赶至中国，以西法为俞樾拍摄照片，想将这

俞曲园纪念馆

位中国经学大师的肖像带回日本置于大学堂内。日本大东文化大学校长小柳司气太,亦在杂志上连载介绍俞樾的文章,称俞樾为中国经学殿后之巨镇。

撇开政治不论,俞樾与弟子井上陈政,在自觉与不自觉间,主动或被动地成为沟通中日汉学的桥梁。而杭州这座城市,西湖的山山水水,也因此得以见证中国学者与日本文人间的友谊。

在晚清西学东渐、风雨飘摇之际,俞樾能够收日本人为弟子,并授以中国传统经学,不得不说,是以极大的勇气及胸怀,推动了中华文化在异国之传播,扩大了传统儒学在异国之影响。无怪乎晚清外交家黎庶昌要盛赞俞樾道:"余谓中土名人之著声日本者,于唐则数白乐天,近世则推先生。"历史无法重演,但历史可以推演。无论是造"仿俞楼"还是置俞樾像于日本大学堂,无论是诗文往还还是日本汉学家亲至诂经精舍求教,不可否认的是，自19世纪70年代以来，俞樾凭借其深厚的学识、丰富的著述、严谨的治学方法、梯梁后学的治学目标，得到了日本汉学界的一致认可与尊崇。日人尊仰俞樾，不啻泰山北斗。

时间回到今天，当我们面对皇皇五百余卷《春在堂全书》时，除了赞叹与仰望，是否还有兴趣去触碰它，阅读它？是否还有毅力去探究它，继承它？光绪十年抚砖远眺的俞樾，或许早就意识到了传统经学的传承问题。"福寿"或许不仅是他对生与死的思考，更是他对传统经学何去何从的担忧。传经井上陈政，俞樾或许也只是想多留一颗火种吧！

参考文献

1.〔清〕俞樾：《春在堂全书》，凤凰出版社，2010年。

2.〔清〕俞樾：《春在堂随笔》，徐明、文青校点，辽宁教育出版社，2001年。

3.梁启超：《清代学术概论》，中华书局，2016年。

4.谭皓：《近代日本对华官派留学史（1871—1931）》，社会科学文献出版社，2018年。

5.俞润民、陈煦：《德清俞氏·俞樾　俞陛云　俞平伯》，中国人民大学出版社，1999年。

6.马晓坤：《清季淳儒俞樾传》，浙江人民出版社，2006年。

7.刘晓峰：《花落春仍在——俞曲园的日本学生》，《读书》2008年第12期。

第十一章　谋邦资卓识，兴学启新知

林 启

清光绪二十六年（1900）农历四月廿四日凌晨，杭州知府林启生命垂危。

知府府衙的卧房内，一盏两茎灯芯的油灯散发着微弱的光，远不如天上的晨星来得明亮。早已被换上官袍的林启平躺在床上，脸有些浮肿，半张的嘴很久才艰难地吐出一口凉气。府衙内并无闲杂人等，床头，单只有紧攥着林启手的夫人刘氏在不住地抹着眼泪。林启的几位公子则手搭床沿，跪在床前低声地呼唤着父亲。

林启已然不能言语。他有些不甘，他还有好多话没有说，还有好多事没能做，不愿就这样撒手人寰。戊戌变法失败以来的这两年，林启每夜都睡不好觉。时事日亟，正值国家危亡之际，他怎能就这样睡去？怎能就这样一睡不起呢？

可惜，他那被攥着的手似乎已经感受不到夫人手心的热度了，即便心有不甘，他也不得不接受自己即将离开他所挂念的人世这一事实。

第十一章 谋邦资卓识，兴学启新知

林启塑像

林启有太多事放不下了。

林启，字迪臣，福建侯官县人，光绪丙子科进士，历任翰林院编修、陕西学政、浙江道监察御史等职。他因上疏奏请"罢西太后慈禧颐和之役以苏民困"而被贬浙江，出任衢州知府，后调守杭州。

林启放不下这已危如累卵的大清朝。风雨飘摇的大清朝内忧外患，朝廷纲纪不正，官员贪赃枉法，鸦片流毒于天下，兵士孱弱，百姓流离，如何让人不担忧？

林启一心想要匡扶社稷。他上奏谏言，力主改革，希望朝廷能够"简文法以核实政，汰冗员以清仕途，崇风尚以挽士风，开利源以培民命"，从政事、教育、民生等各方面提出具体实施建议。林启尤重教育，奏请废止以制义词赋小楷取士，力主乡试、会试、廷试分别以五经、诸史、时务作考，且提出取士不能只看成绩，更要考察士子的品行。倘若士子劣迹昭彰，哪怕中榜，也必须除名，只有学行一致，方能为官。出于改革过快很可能会适得其反的考虑，林启还刻意强调了要保留童子试考八股文这一传统，不过对考试内容提出了要求。林启建议，童子试的命题不仅要博大昌明，且绝不能出现搭题现象。所谓搭题，即将经文割裂并重新进行组合、拼接的试题。

林启想法虽好，可清政府毕竟已经积重难返，无力、也无心改变现状。而林启的力倡改革，也只会为他招来更多小人的攻击。他无法在政治中心北京施展拳脚，只好将一腔热血洒在浙江。

濒死的林启，自然放不下他为官四载的杭州。这是他倾注了血汗的杭州。他仍然记得初至杭城时，杭州士子执经请业如觐师保的热闹场景。

光绪二十二年（1896），刚调任杭州知府的林启颇感愉悦，连《马关条约》签订后心中的郁结之气也暂时被挤到了一边，他有些兴奋。杭州多名宿，颇重教育；学子亦好学，甚是用心。时城内有诂经精舍、紫阳书院、崇文书院、敷文书院、东城讲舍、学海堂等六大书院。其中，诂经精舍更是名重一时。林启早就想来见识一下这所"东南人材之盛，莫与为比"的著名书院。此番来杭，他一则可以借机一偿宿愿，二则亦想借助杭州的书院来推行教育改革。

林启心中一直以前辈乡人林则徐为榜样。林大人用虎门销烟的壮举唤醒了一代有志之士。"苟利国家生死以，岂因祸福避趋之"，他林启虽不是封疆大吏，但也想学学自己的这位乡贤，用教育来启民救国。林则徐在杭嘉湖道台任上课士紫阳书院，并留下"是夫君子，诚之为贵；夫惟大雅，卓尔不群"一联赠予钱塘士子施鸿保的事迹，更激发了林启想要去了解杭州书院的热情。

其实，早在一位位学子纷纷前往知府府衙问学时，林启心中就存下了改革教育的念头。在杭城学子眼中，这位曾任学政的知府大人，必定深谙科考之道，倘若能得其指点，于举业上必有助益。因此，学子们所问的内容，几乎全和八股文及试帖诗有关。而当林启实地考察了杭州的各大书院，在了解了它们的教学后，更加坚定了其改革教育的决心。这些书院，大都以教授制义为主，不讲策论，只尚空谈。即便是诂经精舍这样的名院，也只是把绝大多数精力用在了研究烦琐的考据学上。

中日甲午战争的惨败使得林启深刻领悟到唯有变革方能救国。而想要振兴中华，又必须先从教育入手。教育，乃立国之本也。光绪二十一年（1895），康有为、梁启超等领导的公车上书失败后，维新变法思想逐渐在社会上弥漫。杭州各大书院的守旧教学，显然已跟不上这股时代潮流。改革，迫在眉睫。

想到这，林启的呼吸竟又急促了起来，浑浊的眼珠也清澈了些，那浮肿的脸上则似乎现出了一抹微红。

可不知又想到了什么，只一瞬，他的眼神便又黯淡了，呼吸也不再急促，好不容易吐出的气仿佛充满了失落与悲凉。

林启还待再想，儿子的呼喊却把他拉回了现实。他发现，自己的手已然彻底失去知觉了。林启转了转眼珠，瞥见一旁哭得像泪人的夫人，心中越发不舍了。他想要转过头来，不想艰难地动了半天也只不过歪过了小半个脑袋。将死之人，连转头都变得如此困难了。他想再看一眼自己的亲人，想再看一眼自己住了四年的府衙。林启发现，今天的卧室显得格外明亮。他知道，一定是夫人点了两茎灯芯。林家家风尚俭，林启的俸禄又大都拿来用于改革事业以及救助贫苦百姓了，家里过得并不宽裕，故而连一茎灯芯，也是能省则省的。今日不比平常，林夫人才破了例。林启记得，爱看《儒林外史》的夫人常和他开玩笑，称他为"林监生"。

想着想着，林启便觉得一切都模糊了，脑子里是模糊的，眼睛望出去也是模糊的。他的手似乎又恢复了气力。他一把抓住夫人的手，嘴里好不容易才迸出两个字："求……是……"

求是书院

林启直到弥留之际，仍然挂念着他所创办的求是书院。而说到求是书院，就不得不提一座名为普慈寺的寺庙。

光绪二十三年（1897）春的某个清晨，杭州知府林启冒雨赶往蒲场巷（今大学路）的普慈寺。随行官吏各备武器，整齐的跑步声回荡在一条又一条途经的弄堂中，引得百姓纷纷驻足。普慈寺是一座刚翻修过的大庙，乃杭州东城梵刹之首。林启此行，不是为了烧香拜佛，专为拿人。

原来，普慈寺中有一恶僧，欺行霸市，不守清规。林启得了状纸，便亲自带了人，准备捉拿恶僧，查封普慈寺。

春日的细雨带着些凉意，绵绵地落在林启的官轿上。林启不时掀开轿帘张望，以便确定路程。他有些着急。缉拿和尚一事并不用知府大人亲自出马，林启之所以冒雨前往普慈寺，其实另有目的。

此刻，林启正不断盘算着。与其说他在思考该如何处理恶僧，不如说他正琢磨该如何处置普慈寺。

倘若驱逐恶僧，是否需要另寻僧人来继续主持普慈寺呢？林启有些犹豫。毕竟，对于附近的民众来说，这样一座建于南宋的寺庙，早已成为他们生活中的一部分了。即便恶僧无道，百姓仍要在每月的初一、十五，在庙内的有道菩萨前，虔诚地点上信香。

林启很纠结。杭州并不缺寺庙，杭州百姓也并不缺烧香的地方，可杭州的少年子弟缺少接受新式教育的地方。寺庙查封收归国有后，是否可以用来作为开办学堂的场所呢？林启知道，这是一个机会，这是一个实现其教育改革梦想的机会。

细雨趁机从打开的轿帘处偷跑进来，想看看知府大人为难的样子。它刚沾上知府大人的袖口，就听见老大人自言自语道：“距蒲场巷不远的场官弄内的报国寺，早就被政府用来储存武器弹药了，既然报国寺能作他用，我何不把普慈寺变作现成的校舍呢？对，就把普慈寺变作现成的校舍！”主意一定，老大人便开始闭目养神了。

于是，这一年，在"居今日而图治，以培养人材为第一义；居今日而育才，以讲求实学为第一义"的教育救国思想的影响下，杭州知府林启在浙江巡抚廖丰寿的支持下，与改革志士汪康年、陈仲恕一起，以被查封的普慈寺为校址，创办了求是书院。

求是书院是新式学堂。按林启等人的想法，要想救亡图强，于教育上，非讲西学不可。书院本是旧称，带有一股保守的味道，与变革之思想颇为不合。汪康年本想将这所新式学堂定名为崇实学堂。崇实，即为崇尚实学。然鉴于彼时杭城内保守派仍不少，以制义取士之风难以骤为更张，又"虑官绅或又梗阻"，为了减小压力，故定名为求是书院。

求，觅也；是，真也。"求是"有两层意思，一是讲求实学，二是存是去非。

林启在代廖寿丰起草的奏折中言道，"讲求实学"，"要必先正其志趣以精其术业，《大学》格致诚正修齐治平之道，合古今中外而不能易者也。欧美诸邦，学堂各千百计，自髫龄入小学，以次而中学、而大学，犹是家塾、党庠、州序、国学之制也。若船学，若矿务，若种植，若制造，犹是讲武、训农、通商、惠工之政也。苟事事物物务求其实，朝考夕稽，弗得弗措，何学之不成？亦何事之不举"。林启认为，欧美诸国的升学模式与中国传统的升学模式是一致的，实学课程设置也是相仿的，只是称呼不同而已。遗憾的是，西方重视实学，而我们仍囿于八股试帖。只要国人能够一改积习，学习西方"事事物物各求其实"的理念，必定能学有所成，学有所用。讲求实学，是要国人睁眼看世界。

"存是去非"，则带有明显的乾嘉朴学的治学特色。

清代书院的经费主要源于官府拨款。杭州城内旧有书院六所，如今新设求是书院，必定导致经费紧张。为解决这个问题，林启提出"酌筹改并"。他和巡抚廖丰寿商议，减少对其他六所书院的拨款，匀一部分给求是书院。经费一少，旧书院的维持必然变得艰难，日子一长，或停办，或改新式学堂，竟也达到了改革的目的。而一旦杭城书院"酌筹改并"，旧书院的原有生员就可能面临无处可去的局面，此时，求是书院便可"因势倡导，择庠序有志之士，奖进而培植之"。"存是去非"，从某种程度上来说，也是借用了朴学的影响力来吸引生源。当然，朴学家这套钻故纸堆的实事求是的学风若能真正用于学习实学，定大有裨益。存是求非，即要求学子像对待传统经学一般，用考据学的审慎态度，去对待西学。在面对大倡西学的维新思想时，林启虽然持支持态度，但亦害怕掉入另一个极端。一如他在奏折中所说："而群慕西学，窃恐规摹形似，剽窃绪余，借一二西语、西文以行其罔利梯荣之故智，不独西学无成，而我中国圣人之教且变而愈忘其本。"

我们或可从林启的《招考求是书院学生示》中得窥求是书院早期的办学特色：

> 为招考事，照得省城现奉抚宪创设求是书院，延聘教习，讲授化算图绘诸学，兼及外国语言文字。无论举贡生监，年在三十以内，无嗜好，无习气，自愿驻院学习者，务于三月初五日以前，开具三代、年貌、籍贯、住址，邀同本地公正绅士，出具保结，赴院报名。其有略通外国语言文字或化算图绘诸学，均当于册上填注，由监院呈送。示期先试经义、史论、时务策，取录若干名，再行会同教习复试，选定三十名。每名月给伙食洋三元，杂费洋二元。朔课考试化算诸学，望课考试经史策论，均分别给奖，

以五年为期，不得无故告退。非假期必常川住院。其余额外，仍按名注册，俟随时传补。所有详细章程，应于报名时到院详看。为此谕仰愿考各生知悉。各宜依期赴院，报名填结，候再示期扃试，毋自迟误。切切，特示。

显然，求是书院是中西并重的。其招生中"示期先试经义、史论、时务策，取录若干名"的做法，仍未彻底摆脱旧学；而"朔课考化算诸学"又体现了对西学的重视。林启所谓"每日肄业之暇，令（学生）泛览经史语录、国朝掌故及中外报纸，务期明体达用，以孔、孟、程、朱为宗旨；将有得之处，撰为日记，按旬汇送查考。每月教习以朔日课西学，总办以望日课中学"，则明显带有"主以中学，辅以西学"的维新派主张。求是书院的对国朝掌故之类的重视，也颇合梁启超在《与林迪臣太守论浙中学堂课程应提倡实学书》中所提倡的"故今日欲储人才，必以通习中国掌故之学，知其所以然之故，而参合之于西法，以求致用者为第一等"。

求是书院是浙江省创办的第一所新式学堂，其可借鉴的经验极少。为了更好地办学，林启专门去信向维新派领导人物梁启超请教办学的相关事宜。梁启超于回信中明确回复道："以六经诸子为经，而以西人公理公法之书辅之，以求治天下之道；以历朝掌故为纬，而以希腊罗马古史辅之，以求古人治天下之法；以按切当今时势为用，而以各国近政近事辅之，以求治今日之天下所当有事。苟由此道，得师而教之，五年之间可以大成，则真国家有用之才也。今以为浙中学堂宜仿此意，即未能专示以所重，亦当中西兼举，政艺并进，然后本末体用之间不至有所偏丧。"林启受到梁启超回信的启发，在课程设置及学制制订等方面均做了妥善安排。

求是书院

求是书院由林启任总办，陆懋勋为监院，陈汉第为文牍斋务。在教习聘任上，林启延请美国人王令庚（E. L. Mattox）为正教习，教授化学及各种西学，兼课图算语言文字；聘请福建陆康华和湖州卢保仁教授各种算学、测绘、舆图、占验、天文以及外洋语言文字与翻译书籍报章等事。林启还亲自主持考试，亲自命题，亲自讲评。求是书院的首批学生中，被录为第一名的是章太炎，可惜他并未入学。

求是书院开办第二年，林启资送何燏时、陈榥、陆世芬、钱承志四人往日本留学，分别学习冶金、兵工、商业及法科。这四人，是我国首批留日学生。林启以为，日本一直受中华文化影响，然维新变法之后，一跃而成强国，多有可借鉴之处；且日本与中国离得较近，费用颇可节省。中日甲午战争的惨败使林启意识到，日本确有值得学习的地方。即便林启去世，求是书院资送学生留日的传统也一直未断，又陆陆续续送蒋尊簋、蒋百里、王维忱、许寿裳、钱家治等前往日本学习，为近现代中国的发展培养了大量人才。

求是书院后改称浙江求是大学堂，1902年改名浙江大学堂，1928年则改为国立浙江大学，是为今日之浙江大学。

求　是

林启竭尽全力喊出的"求是"，不仅仅是书院，更是他为官以及治学的态度。

林启为官，"守正不阿，精明笃实"。

"守正不阿"，说的是林启对邪魇绝不姑息纵容，对豪强绝不奴颜婢膝。

时有杨乃武者，因葛毕氏之狱叩阍得直，每日横行乡里，强揽诉讼。乡人不胜其苦。林启得知后，想要对其进行拘押。有人劝告他说："杨乃武猾竖不可测，还告过御状，当时的浙江巡抚杨昌浚、学政胡瑞澜、知府陈鲁等都因他而被革职，大人还是放了他为好。"林启听闻勃然大怒，道："昔日杨乃武是受屈者，今日他是讼棍无赖，受屈自该得雪，违纪必当得刑，怎能任他鱼肉乡里？"司理于一旁张嘴道："大人，是否俟熟筹胜败后再拘之？"林启哈哈大笑，说道："必待不败，而后行吾法，有官无百姓矣。"说完，毅然拘之。

林纾《林太守事略》曰："……适圆通寺僧以秽行闻于郡中，公立置之法，撤去佛象，而屋宇仍华好。某西人将夺而有之，事达总署；公曰：'夺彼教而授彼族，吾无以面杭之父老，官可罢，此寺不可授西人。'"这位和林启争圆通寺房产的西人,就是著名的广济医院(浙江大学医学院附属第二医院的前身)的创始者梅滕更先生。梅滕更为了夺此处房产,甚至扬言要闹到总理衙门去,然终因林启的刚正无畏而作罢。"官可罢,此寺不可授西人"一语,更是喊出了一代爱国学者的民族气节。"公平居恂恂如书生,及接西人词锋英发,凡不利于百姓者抗不为屈",最后,连梅滕更都极为感佩,"稔公之直,议匪不就"。而所收的圆通寺屋宇,亦被用以办学。养正书塾即赖此创建。养正书塾后改称杭州府中学堂,辛亥革命后又更名为浙江省立第一中学校,是杭州高级中学与杭州第四中学的前身。

"精明笃实",说的是林启提倡农桑,创办蚕学馆。

调任杭州后的林启发现,有丝绸之府美誉的杭州于丝绸生产上并未能领先世界。鉴于蚕农连年歉收的实际情况,林启于光绪二十三年(1897)于西湖金沙港创立蚕学馆。蚕学馆以"学而致用"为教育方针,引进国外先进养蚕技术,先后聘请留法学蚕工头江生金以及日本养蚕专家轰木长太郎、前岛次郎、西原德太郎为教习,开设理化、蚕体生理、气候、土壤、饲育、缫丝等课程,购置科学设备,培养了大量蚕学人才。无怪乎张謇会说:"中国现代丝绸工业的开拓者是林启,我国第一位用科学养蚕而成功的地方在杭州。"蚕学馆培育佳种,推广养殖,起衰救弊,振兴了杭州乃至全国的丝绸业。蚕学馆,即浙江理工大学的前身。

正纲纪,兴实业,林启始终秉持着"求是"精神。而其于治学一道上,亦一丝不苟,讲求"求是"。

林启乃进士出身,拥有极好的旧学功底;他又中过乙丑科翻译内监试,英文水平也很高。林启在京时常翻译外文报纸供官员及有识之士阅读，以期他们能更好地了解西方。他在创办蚕学馆时还自学日文，攻读日文典籍，以作蚕学研究之用。可以说，林启自身便是一位"主以中学，辅以西学"的杰出学者。无论是在陕西学政任上还是在杭州知府任上，他都极重学风，一再强调学子不可染上烟癖，不可包揽词讼。求是书院在他的主持下，对学风有明文规定：

> 五、诸生讲堂听讲，心思务宜专一，不得左右絮语，当教习指授时，尤当潜心听受，或有疑义，择要请益，毋支毋赘。
>
> 六、院中崇尚朴实，痛绝浮嚣。凡学生中服饰奇异，及嗜博、酗酒，沾染一切嗜好者，无论在院出院时，一经觉察，即行屏斥，以肃院章而清流品。
> ——《求是书院内院礼仪例》

这不仅是他对学生的要求，也是对自己治学的要求。求是书院虽受诂经精舍影响，然在中文教学上却并不注重烦琐的考据功夫，而是颇受林启所治旧学的影响。林启从骨子里来说仍受宋学影响较深，当然，这可能和他本身是福建人有极大的关系。林启认为："近人议论，多病宋学为独善其身，不知宋贤有学问者无不怀抱经世之业。"他告诫诸生："于四子书、五经、四史，随时各宜温习外，其研习各门尤当以性理之学为主。盖西学必以中学为本，中学尤以理学为本。心术端，血气平，复济以中外古今之学，期为通儒，斯为真才。"

当然，林启所谓要"研习各门尤当以性理之学为主"并非指的空谈义理，而是想借宋学接续被琐碎的考据学所割裂的学问与社会现实间的关系。在林启看来，宋学讲求德性，可挽人心世道之衰颓，且宋贤亦重实践，如朱熹便有"博学是致知，约礼则非徒知而已，乃是践履之实"的说法。在社会问题频现的晚清，单一的强调考据或义理都不能解决王朝危机，学问只有转向经世致用方能应对突如其来的变故。林启所言，旨在激励学生志气，培养其民族意识。他和学生一起读宋五子（周敦颐、邵雍、张载、程颐、程颢）之书，读黄宗羲的《明夷待访录》，读王夫之的《黄书》，读陶葆廉的《求己录》，并将这些书目定为求是书院必读书目。

他告诫学生："汉文宜加温习，时务尤当留心，每日晚间及休沐之日，不定功课，应自浏览经史古文，并中外各种报纸，各随性情所近、志趣所向，讲求一切有用之书。"可见，在治学上，林启一直是以致用为标准来要求学生的，同时，也鞭策自己。正如他学习外文，不是为了学习外国文学，而是希望通过外文去了解西方的科学文化与政治制度。为此，他还专门总结了一套学习西方诸学的方法："泰西各学，门径甚多，要以兵、农、工、商、化验、制造诸务为切于时用，而算学则其阶梯，语言文字乃从入之门。循序以进，渐有心得，非博通格致，不得谓之学成。"

林启的"求是"态度使他身边聚集了一批以救亡图存为己任的知识分子。林启幕中，有译介西方著作的桐城派学者林琴南，有后来成为商务印书馆编辑的高凤歧，有未来的一代报人林白水，有维新志士、海内奇才宋恕。他们或建言献策，或任教启智，与林启一起，为杭州近代教育的开启做出了巨大贡献。

林社长眠

卧榻上的林启自然不会想到求是书院日后会成为中国顶尖的高等学府。此时的他，仍然在担心着书院的前途。

戊戌变法失败后，戊戌六君子被害，康有为、梁启超逃往海外，步军统领衙门四处捉拿维新志士，求是书院也因此陷入了困境。学生纷纷退学，留下的不足十分之二。

尤让林启感到后怕的是，杭州城内那些保守势力纷纷向总署告状，说他创办的蚕学馆、求是书院、养正书塾内藏有新党，应予以查封。若非在申辩时自己愿用身家性命做担保，他这些年在教育事业上所做的努力恐怕将付诸东流。而朝廷一纸废除庙产兴学的诏令，又将求是书院与养正书塾推向了风口浪尖，所幸有杭城百姓护持，书院、书塾才得以保存。

病床上的林启已经发不出任何声音。张着的嘴也无法闭合了。他感觉眼前越来越亮，似乎有一团光在不断向他逼近。他想再挣扎着看一看四周，可惜，已经看不到夫人和孩子们了。他只能在白光的深处，看到拳民运动爆发，看到外敌入侵、生灵涂炭。他还依稀看到了几张年轻人的脸，几张不断变化的脸，有愤怒，有决然，有喜悦……

光绪二十六年（1900）农历四月二十四日清晨，在启明星隐去的那一刻，林启卒于杭州知府府衙。在一片哭天抢地的哀号声中，没有人注意，府衙内那盏两茎灯芯的油灯，正燃得旺。

林启生前甚爱孤山，曾于林和靖墓前补植梅花百株；病中尝有"为我名山留一席，看人宦海渡云帆"之句，显然已存了死后葬于孤山之志。林启死讯一经传出，举城痛哀。府衙门口一连几天都围满了百姓，或叹息，或落泪，久久不愿离开。林启的公子楷青、志恂、松坚、桐实等本打算扶柩回乡安葬，然求是书院师生及杭城百姓纷纷来告，希望把林启葬于孤山。一方要走，一方要留，

林社

此事经年未决。后经百姓苦苦哀求,经诸院师生不断劝说,林启后人方才答应将林启留葬孤山。

"杭人士为永其四年,陈汉第与邵章曾建议组织林社。立社公牍,由诸以观,樊嘉璋等领衔,项藻馨、蒋方震等亦列民,内称'社基四分六厘后面尚有空地六分七厘,并非民产,堪作佳城,因商诸林氏诸孤,共欲卜窆前山以妥先魄'。其留葬之牍则由樊嘉璋领衔,邵章、陈汉第、陈敬第、何燏时、许寿裳、马叙伦等列名。社中列林神象并刻其贤僚佐长乐高啸桐先生象附祀。"林启以知府身份而得以被杭人立祠纪念,实在是令人感佩。

林启在杭四年,创办了求是书院、蚕学馆、养正书塾三所学校。这三所学校,不仅通过教育启迪民智,为浙江乃至全国培养了大量人才,更在杭州的教育史上留下了浓墨重彩的一笔,分别开创了浙江省立大学、职业学校和普通中学的先河。

20世纪二三十年代，一到林启忌辰，杭城的各大院校，如杭州高中、杭州初中、杭女中、蚕校、安定、宗文、树范等，便纷纷至孤山林社参加祭祀活动。其盛时，到者或四五百人。如今，孤山北麓、放鹤亭以东，林社依旧；而林启，似乎已很少被人提及。

参考文献

1. 张淑锵、蓝蕾主编：《浙大史料：选编一（1897—1949）》，浙江大学出版社，2017年。

2. 浙江大学校友会等编：《林社九十周年纪念册》，杭州大学出版社，1991年。

第十二章·谢本师走出书斋，倡革命兼谈学术

谢本师

俞樾手执《民报》,摇头苦笑。

今日已有友朋弟子多人持着《民报》过访,所为只是《民报》第9号上的一篇名为《谢本师》的文章。

"谢本师",即辞绝老师,意为和老师断绝师生关系。今日的曲园之所以门不停宾,便是因为这篇《谢本师》,乃是写给俞樾俞曲园的。

一代硕儒俞曲园,竟然被弟子公开指责并登报申明与其脱离师徒关系,引起的震动不可谓不大。其人在文中对俞樾大加挞伐,说:"先生既治经,又素博览,戎狄豺狼之说,岂其未喻,而以唇舌卫捍之?将以尝仕索虏,食其廪禄耶?"他不仅不满于业师俞樾的言行,还将清王朝视为戎狄豺狼,大有反清之革命思想。

俞樾面对一众来访之人,稳坐中堂,顾左右而言他,对此事不发一言。待到众人离去后,他才缓缓起身,悠悠地叹了口气。他反复读着《谢本师》中所记自己怒斥

第十二章 谢本师走出书斋，倡革命兼谈学术

章太炎

弟子的话语，心中竟生出一份感动来。文中所谓"闻而游台湾。尔好隐，不事科举。好隐，则为梁鸿、韩康可也。今入异域，背父母陵墓，不孝；讼言索虏之祸毒敷诸夏，与人书指斥乘舆，不忠。不孝不忠，非人类也。小子鸣鼓而攻之可也"几句，皆是杜撰。俞樾心中暗道："枚叔为我杜撰此语，乃一片好意，为的是不连累于我。他之与我断绝关系，和维新变法失败后的谭嗣同与其父脱离关系如出一辙。名为驳难，实为保护。枚叔啊枚叔，为师岂会不明白你的用意啊！"

这位写《谢本师》的枚叔，即章炳麟，浙江余杭人。枚叔是他的字。他因敬慕顾炎武（本名绛）之为人，改名章绛，别号太炎。"章太炎"这个名字，或许更为人所熟知。

章太炎于日本写下这篇《谢本师》宣布与俞樾脱离师徒关系，正如俞樾所想，是为了保护他，使他免受牵连。

彼时的章太炎，因鼓吹革命而遭通缉，不得不避难他乡。他生怕连累自己的师友亲人。章太炎幼时曾读蒋良骐的《东华录》，特别注意内中所记的曾静案。曾静因读了吕留良的著作而决意反清，终致吕留良死后仍被开棺戮尸，族人弟子死者无数。章太炎担心自己的言行会祸及他人。他尤其担心在讲究师承的社会风气下，自己的革命思想会给老师带去灾祸。因此，他必须要站出来，毅然决然地和老师断绝关系。

俞樾深知章太炎的想法。自己这位弟子，性格狂直，不甚圆滑，本可继承自己学术之衣钵，奈何却走上了革命的道路。他依然记得，当年在诂经精舍，自己苦口婆心，一心想要劝导他专心于学术。在俞樾眼中，章太炎是有继承和发展朴学的天赋和能力的。

章太炎的父亲章濬担任过诂经精舍的监院，是俞樾的同事兼好友。章濬常以"精研经训，博通史书"为训教育自己的子女。章太炎少年治学，便废制义不为，而读四史、《文选》、《说文解字》等。他知道"不明训诂，不能治《史》《汉》"，于是"取《说文解字》段氏注读之"。当郝懿行的《尔雅义疏》刊行后，他又求之与《说文解字》共读。他暗记《十三经注疏》，研习王引之的《经义述闻》，而后能运用《尔雅》《说文》以说经。可以说，在父亲的引导下，章太炎从小就打下了良好的小学基础。

往事如昨，记忆并没有因为岁月的流逝而变得模糊。俞樾仍旧清晰地记得那个秉承父亲遗训、欲入诂经精舍的青年站在自己面前的样子。那是一张意气风发的脸，不甚英俊，却带有一点年轻人特有的傲气。俞樾清癯的脸庞露出了一抹慈祥的笑容。他想起了当日自己想要杀一杀这位年轻人身上的那股子高慢时的场景。诂经精舍绝不会因为私交而放宽学生入学的标准，那日，俞樾并未立即应允章太炎入学，而是进行了一场问答考试。

那是一场公开的入学考核，观者甚众。俞樾问的第一个问题是："《礼记·明堂位》有虞氏官五十、夏后氏官百、殷二百、周三百，郑注周三百六十官，此云三百者，记时《冬官》亡也。《冬官》亡于汉初，周末尚存，何郑注谓《冬官》亡乎？"

问题一出，围观的生徒便纷纷摇头，开始窃窃私语起来。章太炎却很从容，答道："《王制》三卿五大夫，据孔疏，诸侯不立冢宰、宗伯、司寇之官，有小司徒、小司寇、小司空、小司马、小卿而无小宗伯，故大夫之数为五而非六，依《周礼》，当减三百之数，与《冬官》存否无涉也。"

见章太炎语出不凡，俞樾点头称善，接着又问："《孝经》有先王有至德要道，先王谁耶？郑注谓先王为禹，何以孝道始禹耶？"

章太炎不假思索，答曰："《经》云先王有至德要道以顺天下者，明政治上之孝道异寻常人也。夏后世袭，方有政治上之孝道，故孝道始禹。且《孝经》之制，本于夏后；五刑之属三千，语符《吕刑》。三千之刑，周承夏旧，知先王确为禹也。"

俞樾的这两个问题，一问周官官数，一问先王为谁，非通考据学者不能答也。章太炎从容应答，侃侃而谈，足见有真才实学。这场考试，没能难倒章太炎，反倒难住了一众精舍生徒。章太炎能知人所不知，确有自矜的资本。俞樾这才当众将其收入诂经精舍。

俞樾从书房找出一摞信纸，翻出章太炎写给他的九通手札。这九通手札均用隶古定书写，一笔不苟，甚是恭敬，自光绪十九年（1893）至光绪二十五年（1899），逐年有书。俞樾手捧信札，思绪止不住地飞回到章太炎离开诂经精舍那一天。

反叛者

章太炎出生在余杭县（今杭州市余杭区）仓前镇。仓前镇原叫灵源铺。"灵源"本是一座桥的名字，是一座架在横穿小镇的余杭塘河上的桥的名字。镇因桥得名，故称"灵源铺"。南宋绍兴二年（1132），朝廷下令在灵源铺街北修建临安便民仓，古人以南为前，便称此街为"仓前街"。久而久之，"仓前"便代替"灵源"，成了小镇新的名字。

章太炎出生之时，位于仓前的章家已因经历兵燹而家道中落，"家无余财，独田一顷在耳"。战事使得余杭县满目疮痍，"人民离散，田野荒芜"，"四郊荒漠，田不能耕，即有孑遗，难复旧业"。然而，兵乱与家道中落并没有让章家一蹶不振，章太炎的父亲章濬反而借此来鞭策孩子们发愤为学。

幼年时期的章太炎，和大哥章炳森、二哥章炳业一起，跟随父亲读书。稍长一些，便从外祖父朱有虔治文字音韵方面的学问。孩童时期，他就成了仓前镇上有名的书呆子。章太炎经常抱书而出，随行随读，至晚而犹不欲归，常常因痴迷书中内容而找不到回家的路。他就这样遵着父亲"精研经训，博通史书"的训诫拼命读书，在仓前镇度过了二十二个春秋。直至入诂经精舍，章太炎才第一次离开这个生养他的小镇。

从仓前走向杭州，章太炎整整花了二十二年；而从杭州走向上海，章太炎仅仅花了七年时间。

光绪二十二年（1896）年末，章太炎离开诂经精舍赶赴上海。章太炎此行，乃是受汪康年、梁启超之邀，任职上海时务报馆。

《时务报》是以"变法图存"为宗旨、由梁启超任主笔、汪康年任经理所创办的维新派报纸。汪康年是杭州人，与章太炎有旧。章太炎见到《时务报》后，曾致书汪康年，阐明自己对于办报的看法。他向汪康年建议："刍荛之见，谓宜驰骋百家，掎摭子史，旁及西史，近在百年，引古鉴今，推见至隐"，"证今则不为厄言，陈古则不触时忌"。汪康年、梁启超见章太炎颇有见地，便遣叶浩吾至杭州邀请章太炎入馆。

对于章太炎的离去，俞樾是极为不悦的。在俞樾心中，章太炎这位弟子，基础好，悟性佳，又肯用功，是可造之才。俞樾以为，在自己的系统训练下，章太炎在朴学上的成就将不可限量。

章太炎二十一岁读经训，旁理诸子史传，有了著述之志。二十三岁入诂经精舍后，跟从俞樾学稽古之学。俞樾是一代朴学大师，校正群经，重文字、音韵、训诂，治学严谨，撰有《群经平议》《诸子平议》《古书疑义举例》等书。青年章太炎的治学路径，和俞樾是相合的。

章太炎在二十五岁左右，便通过对儒家经籍、周秦诸子的逐条考释，用蝇头细楷撰成了《膏兰室札记》四册。《膏兰室札记》是典型的朴学著作，如章太炎对《管子·法禁篇》"故举国之士以为亡党"中的"亡党"进行考释，认为"亡党即盟党，不歃血为誓，歃血为盟。凡结为死党者，必歃血而盟，故曰盟党"，并举"《左昭四年传》

以盟其大夫,《吕览·慎行》作以亡其大夫"来说明"亡借为盟"。章太炎还进一步指出"《管子》以亡为明者,《七法》篇亡君则不然,王怀祖谓亡君即明君,亦犹此以亡为盟矣",针对《管子注》将"亡党"解释为"叛亡之党"的情况,提出了新解。此外,章太炎还在札记中对古籍内难以理解的旧注重新进行注疏,对史料进行考证。他不盲目信奉权威,对已故诂经精舍前辈学人的著作也常提出疑义,他在《论臧拜经言韵之谬》中说:"乃臧拜经以为《三百篇》首尾中间无不可韵者,则支离破碎,厚诬古人,宜为陈恭甫所讥也。乃又谓《仪礼》叙事之文,及引古语之文,此乃文章润色之法,设有不韵者,易以训诂相同之字而韵协矣,于理可也。至叙事则如人名、官名,有不容改易者,如谓协韵,则春秋亦可协韵乎?"臧拜经即臧镛堂,是乾嘉年间的大学者,曾助诂经精舍的创始者阮元编纂《经籍纂诂》。《膏兰室札记》是青年章太炎潜心朴学的直接成果,未必成熟,却很好地体现了他扎实的朴学功底。

而几乎在撰写《膏兰室札记》的同时,章太炎又开启了另一部重要的朴学著作《春秋左传读》的撰述工作。章太炎在序中对这部作品有过简要的说明:"《春秋左传读》者,章炳麟著也。初名《杂记》,以所见辄录,不随经文编次,效臧氏《经义杂记》而为之也。后更曰《读》,取发疑正读为义也。盖籀书为读,紬其大义曰读,紬其微言亦曰读……夫《左氏》古义最微,非极引周、秦、西汉先师之说,则其术不崇;非极为论难辨析,则其义不明。故以浅露分别之词,申深迂优雅之旨,斯其道也。大义当紬,二矣。紬微言,紬大义,故谓之《春秋左传读》云。"是书以文字音韵为切入口,考释《左传》的典章名物、古词古字,并阐发微言大义。书成之后,章太炎将之呈于俞樾。俞樾见书,心中颇为欢喜。章太炎此书,仍是循着朴学的路子作成的。然俞樾未敢过多夸奖,恐骄其志，故只是摇头道："虽新奇，未免穿凿，后必悔之。"其实，俞樾的评价也是得当的。《春秋左传读》颇凌杂，在偏重汉师的前提下又傍采《公羊传》。章太炎为立新说，往往在探究《左传》古义时过于艰深，难免给人穿凿附会之感。

求学诂经精舍的章太炎，对以常州刘逢禄为代表的今文经学派颇不认可，以为诡诞。他的《春秋左传读》即是为驳刘逢禄等今文经学家关于《左传》等古文经传皆是伪造的荒谬说法而作。《春秋左传读叙录》曰："及刘逢禄，本《左氏》不传《春秋》之说，谓条例皆子骏所窜入，授受皆子骏所构造，著《左氏春秋考证》及《箴膏肓评》，自申其说。彼其摘发同异，盗憎主人。诸所驳难，散在《读》中。"章太炎于书斋内孜孜于朴学的时候，正值今文经学家大肆批判古文经学之际。时有南海康祖诒著《新学伪经考》，"言今世所谓汉学，皆亡新王莽之遗。古文经传，悉是伪造"。康祖诒即康有为，其学说源于常州学派刘逢禄、宋翔凤等今文经学家，其言多奇谲，为时人所称道。康有为在路过杭州时，专程拜访了俞樾，并送上自己的《新学伪经考》。那时的章太炎对今文经学颇为不屑，"专慕刘子骏，刻印自言私淑"。俞樾曾笑着对章太炎说："尔自言私淑刘子骏，是子（康有为）专与刘氏为敌，正如冰炭矣。""私淑"，就是指虽未得某人亲自教授，但因仰慕其学问而把此人当作自己的老师。刘子骏即西汉经学家刘歆，正是在他的倡导下，古文经学才得以振兴。俞樾所治之朴学，其渊源就是古文经学。

如此热衷于朴学的章太炎，不仅天赋好，且已露大家气象，显然成为俞樾心目中理想的衣钵传人。俞樾十分器重这位年轻的朴学家，将章太炎的多篇"课艺"选入了《诂经精舍课艺集》。诂经精舍自创办以来，就有将肄业生徒的课艺佳作集结成书的传统。诂经精舍的课艺，专课经义，哪怕旁及词赋，亦多收古体，不涉时趋。章太炎所作的课艺，有三四十篇被俞樾分别收录于《诂经精舍课艺七集》和《诂经精舍课艺八集》，其内容多集中于"三礼"和《左传》，多为考据文字。俞樾还时常告诫章太炎："学问只在自修，事事要先生讲，讲不了许多。"俞樾旨在培养章太炎独立思考的治学习惯，进而摸索出一条通向朴学大师的学术之路。

俞樾怎么也没有想到，正是这样一位朴学的坚决拥护者，竟然选择了"叛出"诂经精舍，和今文经学的推崇者，一起办起了报纸，走上了维新变法的道路。章太炎离开后，俞樾还在想这个问题："此三年中，时局一变，风会大开，人人争言西学矣，而余与精舍诸君子犹硁硁焉，抱遗经而究始终，此叔孙通所谓鄙儒不通时变者也。虽然，当今之世，虽孟子复生，无他说焉。为当世计，不过曰盍亦反其本矣。为吾党计，不过曰守先王之道以待后之学者。战国时，有孟子，又有荀子。孟子法先王，而荀子法后王。无荀子，不能开三代之风气；无孟子，而先王之道几乎息矣。今将为荀氏之徒欤，西学具在，请就而学焉；将为孟氏之徒欤，则此区区者，虽不足以言道，要自三代上之礼乐文章，七十子后汉唐学者绪言，而我朝二百四十年来诸老先生所孜孜焉，讲求者也。精舍向奉许、郑先师栗主，家法所在，岂敢违诸？风雨鸡鸣，愿与诸君子共勉之。"可惜，他最心爱的弟子之一，在这时局大变的浪潮中，毅然决然地离开了书斋，未能与他一道坚守，共勉。

走出书斋

中日甲午战争后，时局骤变。诂经精舍中的章太炎有些坐不住了。他已经无法如俞樾所要求的那样，一心

第十二章 谢本师走出书斋，倡革命兼谈学术

章太炎手迹

扑在"抱遗经而究始终"的学术道路上了。当他听闻康有为等联合各省举人联名上书要求罢签《马关条约》，请求拒和、迁都、练兵、变法时，心中对于"走出书斋"的渴求变得越发强烈起来。

　　章太炎不想成为埋头苦读的酸儒，他虽重朴学，然为学无常师，常左右采获，转益多师。除了师侍俞樾，章太炎还向诂经精舍的其他师友请教。他向"刻苦求朴学"的高宰平求教，得"夫处陵夷之世，刻志典籍，而操行不衰，常为法式，斯所谓易直弸中君子也，小子志之"的教诲。他向推崇今文经学、"治经必求两汉诸儒微言大义，不屑屑章句"的谭献求教，受谭献影响，为文由模拟秦汉转向学习魏晋。他并非迂腐之人。而《马关条约》的签订更使章太炎意识到，国势衰微，穷究学问势必难以救国。于是，他开始主动参与政治活动，支持康有为维新变法，并寄会费十六银元加入强学会。

　　强学会"专为中国自强而立"，主张变法图强，挽救世变，由康有为创立。康有为借今文经学宣扬维新变法，收效甚著。章太炎驳斥今文经学，主要针对的是今文经学为阐发微言大义而不重史实、多穿凿附会的治学特点，而非针对个人。故而，他虽然不认同康有为的学术主张，却也不因此而否定其维新事业，反而成为维新运动的支持者和参与者。为了支持维新事业，章太炎甚至没有公开发表早已写就的批驳《新学伪经考》的文章。

　　加入强学会，是章太炎成功走出书斋的重要一步。章太炎之所以能够入职时务报馆，除了其超卓的学识，也在于他曾有寄银入强学会之举。而此次赴上海担任《时务报》撰述，也使得章太炎结识了康有为的得意门生梁启超。

在时务报馆内，章太炎和梁启超的谈话时常围绕康有为展开，"章尝叩梁以其师宗旨，梁以变法维新及创立孔教对。章谓变法维新为当世之急务，惟尊孔设教有煽动教祸之虞，不能轻于附和"。投身变法的章太炎，本想将学术争论暂且放在一边，奈何事与愿违。康氏门人为了给康有为造势，"以长素（康有为号长素）为教皇，又目为南海圣人，谓不及十年，当有符命"。如此言论甚为章太炎所不齿。章太炎毕竟是有学者风骨的，他反对康有为"倡言孔教"，更看不惯康氏弟子吹捧老师的嘴脸。久之，双方便有了龃龉。最后，章太炎因康氏弟子"攘臂大哄"而愤而辞职，一怒之下回了杭州。任职《时务报》的章太炎，因困于门户之争而未能大展拳脚，在上海仅仅待了四个月便与时务报馆分道扬镳。尽管如此，他仍于《时务报》上刊发了《论亚洲宜自为唇齿》《论学会有大益于黄人亟宜保护》二文，喊出了"发愤图强""以革政挽革命"的变法宣言。而章太炎也因这两篇文章，被谭嗣同称为"巨子"，被黄遵宪誉为"才士"。

俞樾满以为受挫后的章太炎会回到诂经精舍，没想到，章太炎非但没有重回书斋，反而和宋恕、陈虬等一起创办了兴浙会。兴浙会是一个政治与学术并重的团体，主张通达时务，讲求经世致用，强调学习西方科学。章太炎在《兴浙会章程》里写道："经世之学，曰'法后王'。虽当代掌故，稍远者亦刍狗也。格致诸艺，专门名家，声光电化，为用无限。"兴浙会还希望浙江人民能够学习刘基、于谦、王阳明、黄宗羲、张煌言这五位先辈英雄的思想言行，希望人们能够发愤图强，为振兴浙江、振兴中华而奋斗。

兴浙会以《经世报》作为阵地，宣扬变革思想。《经世报》由章太炎任总撰述，设杭州、上海两个馆。章太炎在第一期上就发表了一篇名为《变法箴言》的文章，集中阐述了自己的变法思想，后来又陆续刊发了如《平等论》《读管子书后》等文章，托古言政。彼时的章太炎，思想活跃，议论时风世事，倡导西学，是《经世报》《实学报》《译书会公报》等刊物的主要撰述人。

俞樾始终关注着章太炎的动向，他虽然发出"硁硁抱经术，将为世所弃"的哀叹，但仍希望能有二三子"起而张我帜"。俞樾没有想到，戊戌变法仅仅维持了百余日就宣告失败了；他更没有想到，自己的得意门生章太炎竟也因此而遭通缉，不得不避难台湾。

俞樾摩挲着章太炎寄自台湾的手札。手札上古朴的字体似乎还散发着余温。俞樾明白，章太炎就像这字一般，平直而有棱角。

戊戌变法失败后，谭嗣同等六君子英勇就义，康有为、梁启超流亡日本。流血的维新运动让章太炎深刻认识到，仅靠改良是不能救亡图存的，要想振兴中华，必须革命。避居台湾的章太炎并没有闲下来，他依旧用他的笔，不断论政，论学，并将这些文字与先前所写文章一起辑订成《訄书》一书。"逼迫人有所为曰訄"，"訄书"意为"述鞠迫言"，即因穷蹙而不得不说之话。随着章太炎思想的变化，《訄书》几经增删修订，方于 1899 年于苏州付梓；后又经章太炎重新修订，于 1904 年于日本重刊。

革命思想促使章太炎和康有为、梁启超越行越远，和孙文愈走愈近。从台湾东渡日本后，章太炎和孙文时有过从，颇受孙文启发，认为孙文所谓"浴血之意，可谓卓识"。由日本返回上海后，章太炎便站到了康、梁的对立面。而义和团运动的爆发与八国联军的入侵又让他清醒地认识到，革命已刻不容缓。章太炎心中的革命之火在极度屈辱与愤怒中被点燃，他开始发表革命檄文，写下了《解辫发》一文，欲覆清朝三百年帝业。他的《驳康有为论革命书》，振聋发聩，予以改良派致命打击。章太炎在文中道："然则公理之未明，即以革命明之；旧俗之俱在，即以革命去之。革命非天雄、大黄之猛剂，而实补泻兼备之良药矣。"正是因为章太炎等人的不断鼓吹，革命思想才得以迅速传播，革命党才得以声气大盛。

有学问的革命家

投身革命的章太炎明白，"革命没有不流血的"。他在"以鼓吹革命为己任"的《苏报》上发表《驳康有为论革命书》后，即被清政府以"大逆不道"的辱君罪名逮捕。《苏报》也因"悍谬横肆，为患不小"被封。与之一同被逮的，还有在《苏报》上写了《革命军》的邹容。

英勇就逮的章太炎毫无畏色，在上海公共租界的公开审讯中，面对清政府"大逆不道，煽惑乱党，谋为不轨"的指控，他慷慨陈词，针锋相对，尽显侠士风范。章太炎本是可以逃走的，他之所以坚决不走，就是想要借此一机会"公开意见"，"公开辩驳"，以振奋革命精神。当章太炎一边大诵"风吹枷锁满城香，街市争看员外郎"一边乘马车返回捕房时，他便成了众所仰慕的革命英雄。经过多次审讯后，章太炎被判处三年监禁；与他一起的邹容，则被判处两年监禁。

自思想由改良转向革命后，章太炎就很少给俞樾写信了。书信断绝，章太炎又几遭清政府查拿，行踪不定，俞樾即便想关注这位弟子也无能为力了。光绪二十七年（1901），章太炎暗至苏州东吴大学讲学，借机往曲园拜谒老师。俞樾还记得，那日师徒两人谈了些治学上的

章太炎纪念馆

问题,捎带谈了谈国家形势,自己并未如《谢本师》中所说的以"不忠不孝"斥责弟子。章太炎还颇为兴奋地给他讲了许多在日本时的见闻,师徒间关系很是和洽。想到此,俞樾又读了一遍《民报》上那封名为《谢本师》的公开信,心中又不免感伤一番,那个从书斋走向革命的年轻人如今也已近不惑之年了啊!

三年的牢狱生活并未消磨章太炎的革命意志,他在狱中给同志写信,矢志革命;他拳攻狱卒,绝食斗争。他对革命怀有极大的信心,在《狱中答新闻报》中说:"天命方新,来复不远,请看五十年后,铜像巍巍,立于云表者,为我为尔,坐以待之,无多聒聒可也。"他在狱中和邹容写诗互为赠答,一个说:"邹容吾小弟,被发下瀛州。快剪刀除辫,干牛肉作糇。英雄一入狱,天地亦悲秋。临命须掺手,乾坤只两头!"另一个和道:"我兄章枚叔,忧国心如焚。并世无知己,吾生苦不文。一朝沦地狱,何日扫妖氛?昨夜梦和尔,同兴革命军。"

章太炎坚持给各地报刊撰文，宣传革命思想。他还致书蔡元培，策划成立光复会。

监狱外，革命形势如火如荼；监狱内，生活却异常平静。对于章太炎而言，监狱带给了他前所未有的安定生活，他再也不需要四处奔走、各地避难了。狱吏也并不十分面目可憎，虽"课以裁缝役作"，但不刁难章太炎，"友人或求纳致书籍，狱吏许之"。章太炎没能如俞樾所期待的那样重回诂经精舍死守书斋，反而阴差阳错地在监狱中意外寻得了一段相对平静的治学生活。在租界监狱，章太炎几乎将服役之余的大部分时间，都用来读书、写作了。在章太炎身上，革命与治学不是矛盾的。他的《驳康有为论革命书》，虽然是革命檄文，却并非只是空洞的口号，而是以学理为依据，旁征博引，充满思辨色彩的。他与康有为的论战，是革命派与改良派的论战，也是基于学术的论战。

监狱中的章太炎读了很多佛教典籍，研习佛理。他想要"用宗教发起信心"，进而"增进国民之道德"。章太炎学佛选择了注重名相分析的法相宗。这种选择一方面是出于救世与革命考虑（法相宗讲求"心外无法"，意在破除法我二执，二执一破则无烦恼，就能无私无畏地去革命）；另一方面，也是章太炎学术的自觉，《菿汉微言》曰："此一术也，以分析名相始，以排遣名相终。从入之途，与平生朴学相似，易于契机。"

章太炎经常梦到自己走出诂经精舍时俞樾那不悦的面容。狱中的他一直在想，上天以国粹付余，自己却未能专注于学术，"国故民纪，绝于余手，是则余之罪也"。他觉得愧对老师。如何既能革命又能继承发扬传统学术呢？他思来想去，最终悟出：今之当务之急，一则用宗教发起信心，增进国民的道德；二则用国粹激动种性，增进爱国的热肠。在章太炎的潜意识中，继承发扬国粹，始终是自己义不容辞的职责。他要做一个"有学问的革命家"。章太炎提倡国粹，不是要人尊信孔教，而是要人爱惜我们的历史，爱惜历史中的语言文字、典章制度、人物事迹。在语言文字方面，他提倡要通小学，"若提倡小学能够达到文学复古的时候，这爱国保种的力量，不由你不伟大的"。在典章制度方面，他强调要"崇拜中国的典章制度"。章太炎认为，中国的"均田一事，合于社会主义"，"其余中国一切典章制度，总是近于社会主义，就是极不好的事，也还是近于社会主义"①。在人物事迹方面，他推崇"用南方兵士，打胜胡人"的刘裕和岳飞，推崇排满的戴震和顾炎武。可见，章太炎希望通过"国粹"，来激励国人的民族思想。

光绪三十二年（1906）六月二十九日清晨，同盟会成员蔡元培、叶浩吾、蒋维乔等在上海河南路工部局门前将刚出狱的章太炎迎往日本。甫一至日本，章太炎便入同盟会，主持《民报》，成为革命战线的发言人。他已经迫不及待要宣扬自己的新思想了，"要把我的神经病质，传染诸君，更传染与四万万人"②。

摩挲着手札的俞樾或许还期待着与弟子的再次相聚。可惜的是，他未等到那一天，便于次年驾鹤西去，归了道山。俞樾没能看到革命党宣传家章太炎和革命先知孙中山、革命行动家黄兴等一起推翻清廷，创立民国的壮举；他自然也没能料到自己这位由书斋走向革命的弟子，在革命成功后，竟又开始反对革命起来，提出了"革命军兴，革命党消"的主张。鲁迅《关于太炎先生二三事》中说："太炎先生虽先前也以革命家现身，后来却退居于宁静的学者，用自己所手造的和别人所帮造的墙，和时代隔绝了。"

---

① 章太炎所谓的"社会主义"，指的是均富主义和平等主义。
② 章太炎认为"古来有大学问成大事业的，必得有神经病才能做到"，他所谓的"神经病质"，指的是自己一直坚持的逐满独立的民族思想。

倘若俞樾泉下得知东走日本的章太炎，"集国人之游彼邦者，为讲会，授以许氏《说文》"，应该会很欣慰吧。而章太炎"晚岁设国学讲习于苏州，四方之来学者甚众，一时尊为大师"的场景，亦足以让俞樾心生自豪吧。可惜，俞樾都见不到了。章太炎"初为《文始》，以明语言之根。次《小学问答》，以见文字之本。述《新方言》，以通古今之邮。又著《国故论衡》，以会学术之要"，他的这些和语言文字之学相关的著作，不正是沿着诂经精舍所推崇的"家法"而著成的吗？

章太炎终究还是继承了俞樾的学术衣钵，并开启了民国学术的黄金时代。以章太炎及黄侃、朱希祖、马裕藻、沈尹默、沈兼士、周树人、周作人等章门弟子为代表的浙江学派，在民国初年，代替桐城派，走进了北京大学的讲堂。自此，章门弟子逐渐走上中国学术舞台的中央，开始影响中国文化思潮的走向。

1936年，章太炎去世，国民政府发布"国葬章炳麟令"。"为朴学大师集乾嘉以来之成有其统宗；是革命前辈与赵宋诸公异趣独树风标"，胡朴安此一挽联，可谓得之。

参考文献

1. 章太炎著，上海人民出版社编：《章太炎全集》，上海人民出版社，2014年。

2. 章太炎著，汤志钧编：《章太炎政论选集》，中华书局，1977年。

3. 汤志均编：《章太炎年谱长编》，中华书局，1979年。

4. 冯自由：《中华民国开国前革命史》，生活·读书·新知三联书店，2014年。

5. 章念驰编：《章太炎生平与学术》，上海人民出版社，2016年。

6. 张舜徽：《清人文集别录》，华中师范大学出版社，2004年。

7. 姚奠中、董国炎：《章太炎学术年谱》，山西古籍出版社，1996年。

丛书编辑部

艾晓静　包可汗　安蓉泉　李方存　杨　流
杨海燕　肖华燕　吴云倩　何晓原　张美虎
陈　波　陈炯磊　尚佐文　周小忠　胡征宇
姜青青　钱登科　郭泰鸿　陶文杰　潘韶京
（按姓氏笔画排序）

特别鸣谢

楼含松　卢敦基　江弱水（系列专家组）
魏皓奔　赵一新　孙玉卿（综合专家组）
夏　烈　郑　绩（文艺评论家审读组）

供图单位和图片作者

于广明　邬大江　孙小明　张国栋　蔺富仙
（按姓氏笔画排序）